RELEVEZ LES DÉFIS,

# ESCAPE BOOK

DÉCODEZ LES ÉNIGMES

ET ÉCHAPPEZ-VOUS DU LIVRE !

## ARSÈNE LUPIN ET LE COLLIER DE LA REINE IÂHHOTEP

EDITIONS
www.404-editions.fr

**404 éditions**
un département d'Édi8
92, avenue de France, 75013 Paris



Illustrations intérieures : David Chapoulet

Illustration : © stock.adobe.com / mikolajn (Ancient Egypt hieroglyphs).

Maquette couverture : Axel Mahé
Maquette intérieure : Romain Poiré
Directeur de collection : François Lévin
Corrections et relecture : Ségolène Estrangin
Suivi éditorial : Ludivine Irolla

ISBN : 979-1-0324-0329-7
Dépôt légal : février 2020
Imprimé en France par Normandie Roto Impression s.a.s (1905778)

FRÉDÉRIC DORNE

RELEVEZ LES DÉFIS,

# ESCAPE

DÉCODEZ LES ÉNIGMES

# BOOK

ET ÉCHAPPEZ-VOUS DU LIVRE !

## ARSÈNE LUPIN ET LE COLLIER DE LA REINE IÂHHOTEP

404 EDITIONS

# AVANT-PROPOS

Ce livre invite le lecteur à aider le fameux gentleman cambrioleur Arsène Lupin à voler un collier et à fuir un lieu oppressant. Cet opuscule est un *escape book*, dont l'action se déroule dans un musée privé et d'où le lecteur peut tenter de sortir en résolvant des énigmes. L'ouvrage ne se lit pas comme un livre traditionnel. Il nous faut donc apporter quelques précisions sur la logique de cette publication, surprenante de prime abord.

Le lecteur déjà familier des *escape books* pourra commencer l'exploration immédiatement. Néanmoins, s'il s'agit de votre première aventure ou si vous souhaitez simplement vous rafraîchir la mémoire, nous vous invitons à vous rendre en p. 210 pour consulter le « Rappel de règles ».

Il est possible d'explorer les lieux, de discuter avec les personnages rencontrés et d'affronter les adversaires. Le hasard n'est pas de mise ici, seule la logique permettra de résoudre les

énigmes, de mener une conversation sans froisser son interlocuteur ou de jauger la force de l'ennemi.
De nombreux pièges mortels attendent le cambrioleur et nous ne pouvons que lui conseiller de réfléchir avant d'agir ou de fouiller aveuglément certains lieux.

Nous vous souhaitons une bonne lecture. Soyez patient et commencez par visiter les lieux accessibles, cela vous permettra d'accumuler des indices et des pistes pour comprendre les énigmes qui semblent impossibles à résoudre sans cela.

Ne vous laissez pas emprisonner dans le musée ! Nous espérons que vous trouverez la sortie et que vous parviendrez à dérober le collier de la reine égyptienne Iâhhotep.

Soyez à la hauteur du fameux cambrioleur !

# INTRODUCTION

« Quitte à entrer, autant passer par la grande porte ! »

Telle est ma devise pour pénétrer dans un bâtiment, même en vue d'un cambriolage. En tout cas, c'est la devise que j'aime employer quand il n'existe aucun autre moyen de s'y glisser.

Cette réflexion me vient à l'esprit alors que je m'introduis dans le musée privé d'Henri Zigler en utilisant une simple copie de la clé. Il n'a pas été facile de la faire fabriquer toutefois. La paranoïa du collectionneur est telle qu'il m'a été nécessaire de rassembler toutes mes ressources pour enfin réussir à dénicher le nom de l'artisan qui a conçu les impressionnantes portes. Évidemment, à cette heure de la nuit, personne ne me voit déverrouiller, me glisser à l'intérieur puis refermer le battant. La faible lueur des becs à gaz de la rue ne parvient qu'à peine jusqu'aux hautes fenêtres et il m'est difficile de discerner quelque chose dans la vaste salle. Des ombres plus noires que les autres évoquent des silhouettes inconnues et fantomatiques ou des formes géométriques qui ont traversé les âges pour parvenir jusqu'à nous.

La petite lanterne s'allume du premier coup et envoie de grandes ombres danser derrière les statues au regard figé pour l'éternité. Le grand hall du musée égyptien résonne de mes premiers pas, un peu maladroits je le reconnais, car l'endroit est bien plus grand que je ne me l'étais imaginé en préparant le cambriolage. Lire sur les plans d'architecte que cette salle mesure vingt-deux mètres sur douze ne signifie rien de bien tangible. Se tenir seul au milieu de ce vaste espace sombre est une expérience plaisante, je m'arrête un instant. J'apprécie toujours ce sentiment étrange déclenché uniquement par les cathédrales et les musées, une sensation de sérénité absolue. Ces bâtiments semblent indifférents à l'humain qui ne fait que passer dans leurs chambres sans avoir de prise sur eux. Les constructions paraissent tellement puissantes qu'elles pourraient durer toute l'éternité.
Éternels comme le collier en or de la reine égyptienne Iâhhotep. Le bijou est complexe et fascinant. Le large collier est constitué de plusieurs rangées de perles et pierres précieuses gravées de motifs floraux. Deux têtes de faucon en or font office d'attaches. La parure n'était portée que par des

personnes du plus haut rang. Il est unique, inestimable et donc très désirable. Je sais de source sûre qu'il se trouve dans le musée. Même si le public n'a pu le contempler depuis des années, j'ai eu la confirmation de sa présence dans un coffre dissimulé quelque part dans une de ces salles. C'est une information qui m'a été chuchotée lors d'une douce nuit par les lèvres tremblantes de la fille de Lord Athertrop, invitée pour une visite privée il y a peu.
Mes chaussures ont beau être doublées de feutre, mes pas sonnent tout de même doucement dans cette immensité silencieuse. Je sursaute vivement quand la porte se verrouille soudainement derrière moi. Sous mes yeux incrédules se dévoile un mécanisme bien plus complexe que la simple serrure que j'ai fait fonctionner de l'extérieur. Le vantail est doublé d'un étrange et antique dispositif à sable qui vient de sceller l'issue de ce côté-ci à l'aide d'une énorme pierre taillée qui termine sa descente en douceur malgré son poids. Des sons portés par l'écho me font comprendre que des mécanismes ont bloqué d'autres portes dans les entrailles du bâtiment. Cela n'augure rien de bon.

J'ai beau tout faire pour essayer d'ébranler la roche, rien n'y fait. Reprenant mon calme, je remarque qu'un texte a été gravé avec soin dans la pierre, manifestement à mon attention.

MON CHER AMI,

SI VOUS ÊTES COINCÉ PAR CE PETIT PIÈGE INSPIRÉ DU GÉNIE ÉGYPTIEN, C'EST QUE VOUS N'ÊTES PAS INVITÉ. CAMBRIOLEUR, COLLECTIONNEUR JALOUX OU MÊME ANARCHISTE, PEU M'IMPORTE. VOUS ÊTES PARVENU À ENTRER, BRAVO. PAR CONTRE, J'AI BIEN PEUR QUE VOUS NE PARVENIEZ JAMAIS À SORTIR PAR VOUS-MÊME !

NE DÉSESPÉREZ POINT, LA POLICE M'ACCOMPAGNE TOUS LES MATINS À L'OUVERTURE ET VOTRE CALVAIRE NE DURERA QU'UNE NUIT AVANT QUE LES AGENTS VOUS ESCORTENT JUSQU'EN PRISON. IL VOUS SUFFIT D'ATTENDRE. SI VOUS SOUHAITEZ TOUT DE MÊME VOUS RISQUER À VOLER MES PLUS BELLES ŒUVRES EN IMAGINANT TROUVER UNE AUTRE ISSUE, OUBLIEZ TOUT DE SUITE CETTE IDÉE. DE NOMBREUX DISPOSITIFS SUPPLÉMENTAIRES PROTÈGENT MA COLLECTION. APRÈS TOUT, J'AI PASSÉ UNE BONNE PARTIE DE MA VIE À LA RASSEMBLER. CE N'EST PAS POUR QU'UN SIMPLE LARRON METTE LA MAIN DESSUS.

TOUTEFOIS, JE RESPECTE L'INTELLIGENCE ET L'INGÉNIOSITÉ HUMAINE PAR-DESSUS TOUT ET J'AIME METTRE MES ADVERSAIRES AU DÉFI. SI VOUS PARVENEZ À DÉCRYPTER LE JEU DE PISTE FORT COMPLEXE QUE J'AI DISSÉMINÉ DANS MON MUSÉE, JE VOUS LAISSERAI EMPORTER CE QUE BON VOUS SEMBLERA. CE PETIT DIVERTISSEMENT A UN PRIX, NATURELLEMENT. DES PIÈGES MORTELS VOUS ATTENDENT. SI VOUS NE SOUHAITEZ PAS RISQUER VOTRE VIE, JE VOUS INVITE DONC À ATTENDRE LE PETIT MATIN ICI MÊME, DEVANT CETTE PORTE.

AMICALEMENT VÔTRE,

HENRI ZIGLER

Je prends un instant pour relire l'inscription. J'ai appris lors de mes recherches que le propriétaire des lieux était excentrique, jaloux de sa collection (unique au monde, il faut bien le reconnaître), mais je n'imaginais pas qu'il était tout simplement fou. En inspectant le mécanisme exotique qui m'a enfermé, je me rends compte qu'il est fidèle à l'Antiquité jusque dans le choix des matériaux : cordes, sable et pierre.

Étant moi-même féru d'égyptologie, même si je préfère les bijoux aux inventions, je ne peux qu'admirer le travail. Et je mesure aussi que je suis réellement en danger. L'évocation de traquenards potentiellement mortels n'est pas à prendre à la légère, en voyant à quel point le vieil homme s'est appliqué à copier le système de fermeture ancien. Je n'ai tout à coup plus aucun doute qu'il a dû faire de même dans le but de protéger sa précieuse collection. Je fais mentalement la liste de tous les chasseurs de trésors et archéologues qui ont trouvé la mort ces dernières années au sein des pyramides et des temples, et la peur m'envahit un instant.
Mais ne suis-je pas le gentleman cambrioleur ? Rien ne m'a jamais arrêté à ce jour et je mets un point d'honneur à pouvoir dérober absolument n'importe quoi, quelles que soient les précautions prises. Je redresse mon haut-de-forme, ajuste ma cape et retrouve mon calme.
Il est naturellement hors de question que j'attende la police. J'ai confiance dans mon intellect et dans mes compétences de monte-en-l'air pour déjouer les pièges et mettre la main sur le collier de la reine Iâhhotep.

Je me saisis du plan des lieux (plan qui se trouve en p. 16 et que je pourrai consulter à tout moment) et essaie d'imaginer où pourrait bien se trouver le coffre cachant le collier. Dans la salle des momies et des masques mortuaires ? dans la salle des hiéroglyphes ? Probablement pas dans la salle des bijoux, ce serait trop évident. Quoique, à la réflexion, avec un extravagant aux commandes, pourquoi pas ?
Je ne suis pas venu les mains vides et je peux aller consulter la liste de mes outils dans les Trouvailles, en p. 219. J'ai pris également la précaution de me munir d'une photo du collier, juste au cas où d'autres bijoux lui ressembleraient. C'est que je n'aimerais pas me tromper ! Je peux aller la consulter à n'importe quel moment, elle se trouve en p. 216.
Un raclement sinistre me fait sursauter et me met sur le qui-vive. Il est si menaçant que je dégaine mon couteau à virole malgré moi. Aucun garde ne devrait circuler à cette heure-ci, je m'en suis assuré en réussissant à mettre la main sur le planning des patrouilles, réglées comme du papier à musique, m'a-t-on assuré. J'ai soudainement l'impression d'apercevoir

des mouvements furtifs dans les ombres. Il est incroyable de constater à quel point notre esprit peut nous jouer des tours dès qu'il est influencé. Je me mets à explorer le hall en tenant haut ma lanterne pour effacer les ombres et enlever de ma tête les images de monstres réanimés et autres malédictions.

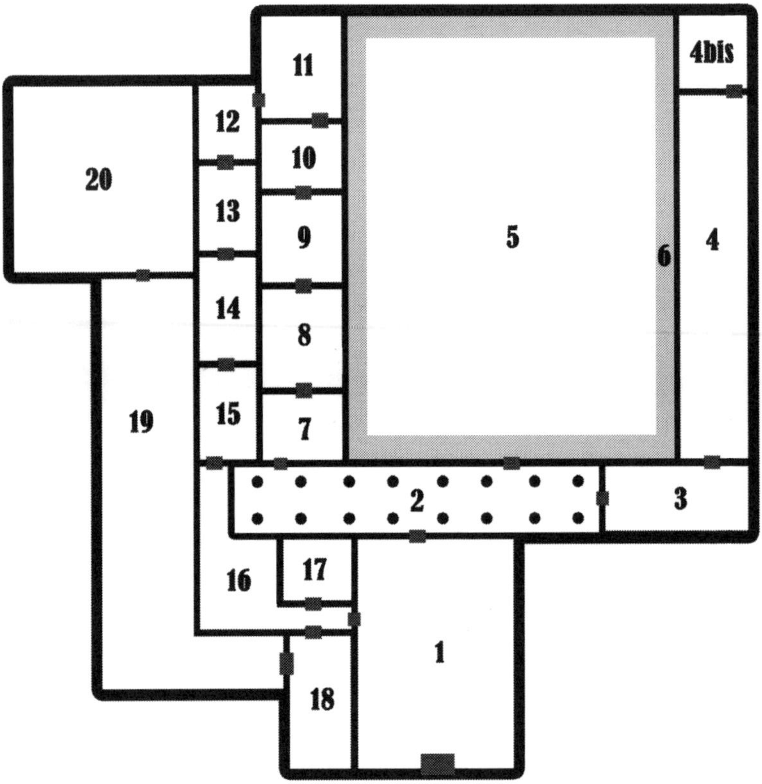


1. Grand hall
2. Galerie aux colonnes
3. Salle des momies
4. Salle des statues
5. Salle du tombeau du pharaon
6. Promenade
7. Reconstitution historique
8. Salle du temple
9. Salle des sarcophages
10. Salle des animaux
11. Salle des vitrines
12. Salle des bijoux
13. Salle des objets du quotidien
14. Salle des scribes
15. Salle des poteries
16. Salle de l'obélisque
17. Chambre acoustique
18. Salle des hiéroglyphes
19. Salle des véhicules
20. Visite de la pyramide

# PARTIE 1
# Premier niveau du musée

## 1. LE GRAND HALL L

Ce musée est réputé pour marquer les visiteurs par la quantité et la qualité des reliques exposées. Et il se dit que M. Zigler aurait un don pour la mise en scène. Je ne peux qu'abonder dans ce sens quand je découvre qu'une double rangée de sphinx de pierre encadre une énorme statue d'un pharaon assis sur son trône. Je ne reconnais pas le régent, rien dans sa parure ne donne d'indice particulier. Il porte la traditionnelle coiffe et les deux sceptres, la crosse et le flagellum. Sous cet angle, je ne parviens pas à discerner s'il porte la couronne d'Égypte. Il faut dire que la silhouette me toise de ses cinq ou six mètres et que ma lanterne peine à éclairer si haut.
Les sphinx sont de taille bien plus réduite, presque à échelle humaine. Ils sont tous identiques, si on omet les dommages causés par les millénaires. D'après le cartel qui orne le premier, il s'agit d'une

petite portion de la grande procession des sphinx qui bordait l'entrée d'un temple d'Amon. L'effet est déjà saisissant, j'imagine que l'enfilade complète de statues devait frapper les visiteurs. Je m'approche de l'un d'eux, écartant négligemment un cordon destiné à retenir les visiteurs ordinaires. L'état de conservation de la première sculpture est incroyable, je suppose qu'elle a été choisie exactement à cause de cela. Cette première impression permet d'oublier les défauts des autres et de les reconstituer mentalement. Des tentures pourpres le long des murs s'espacent régulièrement derrière chaque statue, elles renforcent le rythme de la pièce et permettent aux sculptures de se détacher des murs peints en blanc. Entre chaque pièce de tissu sont attachés des fragments de pierre couverts de hiéroglyphes en bas-relief. Certains portent encore des traces de couleur, mais la plupart sont d'un blanc immaculé. Cette entrée est magistrale et les gardiens sculptés semblent inviter le visiteur à s'enfoncer plus avant, dans le musée et dans le temps, pour en découvrir plus. Un grand panneau introduit les grandes lignes de la culture égyptienne et notamment les divinités. Je peux me rendre dans les annexes, au

sous-titre « Les divinités égyptiennes », p. 218, pour en apprendre plus.
Je longe la ligne de sphinx vers le fond de la salle. Un cartel est différent des autres, il y est inscrit une simple phrase : « Méfiez-vous des illustrations, même celles des plus jolis chats peuvent cacher des surprises. » Je ne comprends pas mais prends note mentalement de cet avertissement, qui me servira plus tard, j'en suis convaincu. Je poursuis jusqu'à l'autre bout du hall et m'arrête devant une porte monumentale de plus de quatre mètres de haut, dont le linteau a été subtilisé dans quelque temple égyptien. Elle conduit vers la galerie aux colonnes. C'est en tous les cas ce que précise une pancarte discrète. Une clé en bronze a été oubliée dans la serrure. Elle est gravée d'un 5 et une étiquette portant le n° 394 y est attachée. Je peux emporter la clé (je peux cocher la clé n° 394 dans les Trouvailles, p. 221). Sur ma gauche, une plus petite porte. Disons qu'elle n'est modeste qu'en comparaison de celle du fond, mais elle n'aurait pas à rougir dans n'importe quel autre lieu. Elle mène vers la salle de l'obélisque. Alors que je parcours la salle, je ne peux m'empêcher de remarquer le sol carrelé de losanges bruns, rouges et sable, des couleurs bien trop voyantes à

mon goût. Alors que le plafond compliqué, composé de plusieurs arches à moulures, ajoute un je-ne-sais-quoi de plus à la qualité de la mise en scène. Des luminaires suspendus, chacun portant dix lampes électriques, doivent éclairer la pièce d'une lumière intense, sans doute pour rappeler le soleil d'Égypte.

Je fouille la pièce du regard, pour déterminer les caches possibles et me mets à soulever chacune des tentures pour m'assurer qu'elles ne dissimulent rien. Une inspection des statues s'avère tout aussi décevante. Je ne trouve finalement qu'un élément étrange. Le socle d'un des sphinx porte un cartouche de plâtre plutôt que de pierre, il est évidemment très récent et ne remonte pas à la haute Antiquité.

Je reproduis ici les hiéroglyphes que je peux reconnaître, leur sens ne me vient pas, je suis obligé d'admettre que mes compétences en égyptologie sont finalement limitées :

Il n'y a pas grand-chose d'autre à se mettre sous la dent pour un cambrioleur. Un coup d'œil au plan des lieux affiché sur le mur et dont les salles sont numérotées m'aide à situer plus exactement cette pièce dans l'organisation générale du bâtiment. Où vais-je aller à présent ? Où pourrait bien se cacher le collier ?

---

I – Et soudain, alors que j'allais quitter la pièce, je découvre le collier, juste sous mes yeux. Il est au cou du dernier sphinx et je ne l'avais même pas vu ! C'est bien le collier de la reine Iâhhotep, comment M. Zigler pouvait bien imaginer que personne ne le verrait ? Ou alors il le change de place tous les soirs ? Ou encore, son petit message suffit à décourager les voleurs qui attendent devant la porte que leur sort soit réglé par la police, au petit matin ? Je ne suis pas de cette trempe-là, non monsieur ! Je prends tout de même d'infinies précautions pour m'approcher de la statue, puis pour vérifier qu'aucun mécanisme n'attende mes manipulations pour m'envoyer rejoindre mes ancêtres. Je ne vois aucun fil discret, je ne remarque aucune dalle piégée. Avec toute la douceur que me confèrent des années de cambriolage, je déplace le collier. Aucun nouvel indice ne me signale de danger et je me permets enfin de respirer. À la lumière, le trésor que j'ai entre les mains brille de mille feux. Cette œuvre d'art vaut une fortune, je la glisse dans ma sacoche et profite du sentiment de victoire en me frottant les mains. Et puis, je comprends tout à coup que je n'ai pas apporté de sacoche mais un simple sac de toile pratique et discret quand il est replié. Lorsque je regarde à mon côté, la sacoche, le collier, tout a disparu. Que m'arrive-t-il ? Me voici victime d'hallucinations ! Je titube vers une sortie, essayant de me ressaisir.

**II** – Cela ne marche pas.

**III** – Il n'y a rien ici.

## 2. GALERIE AUX COLONNES

La porte s'ouvre en grinçant légèrement, mais, dans le silence du musée, le bruit me semble terriblement fort. Une volée de marches de pierre m'entraîne dans un autre lieu impressionnant. En levant ma lanterne, je comprends pourquoi il était nécessaire d'amener le visiteur à s'enfoncer de plusieurs mètres. Aussi loin que la lumière porte se dévoile une double rangée de colonnes de pierre couvertes de symboles. Elles grimpent jusqu'au plafond, qui est encore plus haut que dans le hall, si c'est possible. L'espace n'est encombré d'aucun autre élément, si ce n'est le plan des lieux accroché au mur, qui me confirme que je suis dans la salle n° 2. Le chiffre est d'ailleurs entouré. Je m'approche d'un des piliers circulaires pour l'observer. D'un diamètre dépassant largement un arbre de bonne taille, il mesure douze bons mètres de haut. Légèrement plus large à sa base qu'au sommet, il est élégant et pourtant robuste. Au sol, un socle d'une faible épaisseur délimite la colonne. Au sommet, elle s'évase en corolle de fleur pour soutenir le plafond. Chaque pétale est en fait une feuille de palmier sculptée avec soin. Le fût est gravé de hiéroglyphes sur toute sa hauteur. Les inscriptions sont de toutes les tailles, certaines dans des cartouches verticaux, d'autres dans des bandes horizontales. Et au milieu se trouvent des silhouettes de personnages, pharaons ou dieux. Des éclairages au pied de chacune des colonnes doivent rendre les lieux impressionnants, ils sont naturellement éteints à cette heure de la nuit et la lueur de ma lanterne ne me permet pas d'apprécier le spectacle à sa juste valeur. Je cherche des yeux une indication de la provenance des piliers de pierre mais n'en trouve nulle part. En revanche, je découvre, sur ma droite, que les quatre dernières colonnes ont été rénovées et repeintes.

Afin de montrer ce à quoi elles pouvaient bien ressembler à l'époque, elles ont été couvertes de couleurs vives. Sur une base blanche brillante, des feuilles de palmier stylisées vertes et jaunes grimpent du sol jusqu'à hauteur de ceinture. Au sommet, juste avant la partie évasée, des bandes verticales serrées rouges, bleues, jaunes et vertes dirigent le regard vers le sommet. De nouvelles feuilles de palmier dans le même style que les premières grimpent jusqu'au plafond, mais dans un mélange de toutes les couleurs du fût. C'est tout simplement cru et brutal ; je déteste au premier regard. Sans doute est-ce là l'interprétation d'un artiste au goût incertain, j'admets que j'ignore si c'est fidèle à la réalité, mais j'en doute.
La grande salle est vide, afin de concentrer l'attention du visiteur sur les colonnes. Je prends tout de même le temps de longer et d'observer tous les murs, à la recherche d'un passage ou d'une cachette. La chance est avec moi, car la lumière rasante me permet de déceler une trappe dissimulée dans le mur presque au niveau du sol. De jour, ou en éclairant de face, elle serait probablement restée invisible. Je l'ouvre avec précaution et découvre un espace cubique creusé dans la

maçonnerie qui ne doit pas excéder une dizaine de centimètres de côté. Une enveloppe abîmée semble m'attendre, elle m'est d'ailleurs adressée, plus ou moins directement...

*Cher cambrioleur,*

*Il ne faut pas toujours prendre littéralement mes circonvolutions littéraires, sauf dans ce cas précis. La terre des morts fait naturellement référence à la terre cuite. Quant à l'au-delà, par cette expression galvaudée, et je m'en excuse, j'évoque simplement le passage, la porte. Enfin, n'oubliez pas que, parfois, même les meubles peuvent dessiner des solutions !*

*Je vous souhaite beaucoup de succès dans votre aventure puisque, manifestement, vous avez choisi de ne pas attendre l'aube. Je ne peux que vous féliciter pour votre esprit d'initiative,*

*Henri Zigler*

Je referme l'enveloppe et me surprends à sourire. Mon hôte est un gentleman et, même si je ne comprends rien à ce charabia, il est évident que je pourrais certainement compter sur son aide, plus ou moins directe. Il me faudra faire preuve d'intelligence et de ruse pour déjouer ses pièges et décrypter ses aides.
J'empoche la lettre (je peux cocher le courrier de M. Henri Zigler dans les Trouvailles, p. 220, et poursuivre mon exploration). Je remarque que le rabat de l'enveloppe a été déchiré. Une liste verticale de lettres, de A à Z, suivies du mot « espace » est tout ce qui reste de lisible.
Plusieurs ouvertures donnent sur la salle, mais aucune fenêtre. Tant pis, ce n'est pas par ici que je m'évaderai. Une porte tout aussi grandiose que celle qui mène au grand hall se trouve devant moi, c'est le tombeau du pharaon de ce côté, si j'en crois la pancarte. Un escalier de marbre permet de monter de quelques marches. Il est encadré de deux belles statues de grands félins couchés sur des socles. Sur ma droite, une très jolie porte, laquée d'un rouge évoquant les Enfers, ouvre sur la salle des momies, cette couleur est donc tout à fait appropriée. Enfin, au fond

à droite, un passage plus modeste conduit vers les nombreuses pièces d'exposition secondaires. Ce musée est grand, vraiment très grand, et je me rends compte que retrouver le collier pourrait bien s'avérer plus difficile que je l'avais imaginé. Entre la température assez basse (il doit faire deux degrés de moins que dans le hall) et la déformation des rares sons que je produis (malgré tous mes efforts de discrétion), j'ai la soudaine impression de me trouver sous terre, dans quelque grotte perdue sous les sables du désert. En dépit des superbes colonnes, je ne ressens pas l'envie de déambuler ici. Cette impression est encore renforcée par l'absence d'œuvre et d'information. Au final, sous des airs grandioses, c'est assez vide. C'est une circulation, pas une salle d'exposition. Il n'y a rien ici qui pourrait intéresser un cambrioleur de mon gabarit et aucune issue pour m'enfuir. Je lève ma lanterne et jette un regard circulaire au plafond pour m'assurer qu'aucun passage ne me permettrait de quitter ce musée de malheur lorsqu'un reflet attire mon attention. Il s'agit d'une clé attachée au sommet d'une colonne. Je rassemble mon courage et me lance dans l'escalade du pilier rendu glissant par la couche de peinture.

Quelques frayeurs plus tard, je redescends avec l'objet entre les dents. Elle est en bronze, comme celle que j'ai vue précédemment, et est gravée d'un 8 alors qu'une étiquette indique qu'il s'agit de l'élément n° 325. J'empoche la clé (je peux cocher la clé n° 325 dans les Trouvailles, p. 222). Je ne perds pas plus de temps ici et me dirige vers une porte.

---

**I** – La salle est vraiment grande et les colonnes très nombreuses. J'avance un long moment au milieu de cette enfilade de piliers de pierre et décide de faire une pause. J'ai besoin de repos. Je m'adosse à l'un d'eux et prends quelques instants pour m'éclaircir les idées. Une migraine sourde menace de venir compliquer ma tâche, comme un orage d'été qui gronde au loin. Je ne devrais pas me laisser aller. Je me relève et reprends ma route vers mon but, vers la porte qui m'amènera à d'autres salles. Je marche encore longtemps avant qu'un doute fasse hésiter mes pas. Ne me suis-je pas trompé de côté ? Certainement et c'est pour cela que le trajet est si long. Je fais volte-face et rebrousse chemin. Les heures passent et mes pieds me font souffrir. À un moment ou un autre, j'ai perdu tout espoir de sortir d'ici. Quand je m'en rends compte, mon courage me fait défaut. Je me glisse jusqu'à un recoin sombre et sanglote un instant comme un enfant perdu. La peur de ne jamais pouvoir sortir de cette salle est pire que tout ce que le petit matin pourrait amener. Je refuse de mourir ici. Je frappe du poing le mur derrière moi et le son n'est pas celui que j'attendais. Ce n'est pas de la pierre, mais du bois, c'est ma porte ! J'ai perdu espoir alors que j'étais presque arrivé. Je me ressaisis, rectifie ma tenue et reprends mon exploration.

**II** – Ce n'est manifestement pas la solution.

**III** – Impossible de déclencher le mécanisme.

## 3. SALLE DES MOMIES

Une odeur de mort règne dans cette vaste salle, elle est à peine couverte par un parfum floral trop discret. À la lumière tremblotante de ma petite lanterne, je découvre un spectacle morbide. Partout, tout autour de moi, des cadavres embaumés et desséchés pourrissent doucement pour le plus grand plaisir des visiteurs. Le long des murs sont fixés les sarcophages en bois ou en pierre, peints pour certains d'entre eux, d'où sont tirées les momies. À leurs pieds, dans des vitrines basses sur lesquelles les gentlemen et

les dames viennent s'appuyer pour les observer, les corps emballés dans des bandelettes s'offrent sans la moindre réserve.
Il y en a de toutes sortes, venant d'un peu partout en Égypte. Au centre, un corps à la couleur brune est emballé dans une toile jaunâtre tachée qui a été ouverte aux pieds et à la tête. Des cordelettes rigidifiées par les millénaires tiennent encore en place le tissu. Aux côtés du cadavre, des poteries retrouvées dans le même tombeau. Ce ne sont pas des canopes (des jarres qui contiennent les entrailles) mais de simples vases aux formes rondes classiques. Ils sont richement décorés de bandes horizontales et de losanges. Le tout me fait penser à un dernier repas, les plats attendent seulement que le mort se relève pour y goûter.
Sur ma droite, la plus dérangeante de toutes se trouve encore dans son sarcophage, dont le couvercle est posé à côté. Aucune vitrine ne la protège et je peux m'approcher pour l'examiner. Entièrement brune, la momie est dans une position habituelle, les bras croisés sur la poitrine et les pieds à plat, mais c'est son expression qui attire le public. La tête est révulsée, tendue vers l'arrière, les orbites vides, et la bouche

grande ouverte dévoile des dents blanches. J'ai l'impression qu'elle est morte dans d'atroces souffrances et qu'elle a été momifiée instantanément. Je sais bien que le processus demande du temps et que c'est l'assèchement des tissus qui a déformé le corps, mais je ne peux m'empêcher de frissonner devant ce regard vide et l'affreuse sensation de douleur qui se dégage du corps inerte. Autour du cou, elle porte une autre de ces clés de bronze, gravée d'un 1. Précautionneusement et en réprimant mon dégoût, je prélève l'objet, tout en chassant la peur infantile que le monstre revienne à la vie. L'étiquette indique cette fois le n° 256 (je peux cocher la clé n° 256 dans les Trouvailles, p. 222).
Dans de grandes vitrines fermées, des momies en très bon état de conservation attirent mon regard. Les bandelettes sont encore parfaitement alignées et ont été particulièrement ajustées. Les doigts sont séparés les uns des autres, le visage se devine même derrière les tissus. Les dessins des masques mortuaires sont encore colorés. Leurs sarcophages sont tout aussi intacts. Je remarque une énigmatique inscription, manifestement contemporaine, sur l'un des sarcophages, je

peux déchiffrer : « Suivez l'ordre donné, vous ne récolterez que la réponse $\gamma$. » Étrange, me dis-je, mais ce n'est pas la première preuve d'excentricité de mon hôte.

Les vitrines sont là le seul dispositif pour écarter les visiteurs des morts. Partout ailleurs il est possible de les toucher et même, connaissant la passion de la société moderne pour le morbide, d'en emporter un bout. Il y a peu, j'étais justement au Caire (pour délester un certain sultan d'un superbe brillant). Lors de mon séjour, j'ai découvert que la poudre de momie se vendait au grand jour, alors qu'on ne peut plus en trouver à Paris qu'à la sauvette. Le remède est réputé soigner les maux de ventre, mais certains n'hésitent pas à lui attribuer également des vertus aphrodisiaques, comme le soulignait une accorte danseuse de mes amies.

Les espaces vides sont comblés par des masques mortuaires et des parures, souvent retrouvées sur les corps. Les *némès*, les coiffes à rayures des pharaons, sont les plus connues. Mais on peut voir aussi des *hedjets*, beaucoup de *khats* (la coiffure en tissu de tous les jours) et des *khepreshs*. Il ne manque ici que les bijoux, comme les *sesheds*, qui doivent être conservés avec mon collier, quelque part au cœur du musée. Un sabre courbe d'apparat en fer, ou *khépesh* φ. Il faisait partie du trésor retrouvé avec la momie d'un pharaon oublié. Il est solidement fixé au mur, je ne peux pas l'emporter.

Il n'y a que deux portes dans cette salle, celle qui mène aux colonnes et celle qui s'ouvre sur la salle des statues, fort réputée, me suis-je laissé dire. J'avoue que je suis pressé de quitter cet endroit, l'odeur m'incommode. Je prends tout de même le temps de fouiller de fond en comble, évitant instinctivement de m'approcher trop près des momies. Le plan du musée qui situe cette salle a été annoté ; le n° 3 a été entouré.

---

**I** – Un bruit me fait sursauter. Je me retourne pour découvrir avec horreur que la momie brune se relève et s'extirpe lentement de son sarcophage. Je suis tétanisé par la peur et j'assiste, impuissant, à l'approche lente et inexorable de cette abomination. Les tendons secs ne permettent pas au cadavre millénaire de bouger souplement et la démarche maladroite est terrifiante. Le corps desséché est celui d'une femme, je le remarque à présent, même si mes yeux ne peuvent quitter cette gueule béante et ces orbites d'un noir

abyssal. La chose morte est très près de moi à présent et elle tend une main avide vers ma gorge, sans doute veut-elle m'étrangler. J'ignore si elle en a la puissance musculaire, mais si toutes les forces du Ciel et de l'enfer se sont rassemblées pour ramener ce cadavre à la vie, tout est possible. Je sens son souffle méphitique sur mon visage lorsqu'elle se tient à quelques centimètres seulement. Elle est bien plus petite que moi et m'examine avidement de pied en cap. Je ferme vainement les yeux pour bannir le monstre de ma réalité, mais ses griffes glaciales et dures comme de la pierre éraflent ma poitrine. Je demande à tous les dieux d'agir pour que mon sort soit réglé le plus rapidement possible. Je croyais avoir atteint l'apogée de l'horreur quand la chose s'est mise à parler d'une voix sinistre : « Je voulais juste vous dire, avant que vous partiez, gardez donc cette clé, cela me fait plaisir. »
Suite de la conversation dans les annexes, chapitre « Discussions », paragraphe « La momie », p. 259.

**II** – Rien à faire, cela ne s'ouvre pas.

**III** – Ce n'est pas ça non plus.

## 4. SALLE DES STATUES

L'impressionnante porte de pierre est manifestement verrouillée, car je ne parviens pas à la faire bouger d'un millimètre. Une statue de prêtre est sculptée dans le battant. L'homme est vu de côté, les mains dans la position de danse si typique des anciens Égyptiens. La figure est encadrée de nombreux hiéroglyphes, ils sont tous intégrés dans un cartouche individuel, ce qui est assez inhabituel. J'ai même l'impression qu'ils peuvent bouger et s'enfoncer comme une commande, je n'ai qu'à trouver le bon symbole au milieu de cette profusion :

**Je ne peux poursuivre ma lecture que si je parviens à trouver le moyen d'entrer et que le texte m'invite explicitement à continuer au-delà de ce point.** À défaut, je peux consulter le plan et aller visiter une autre salle.

La culture des anciens Égyptiens nous est principalement parvenue au travers des statues. Les sculpteurs étaient particulièrement prisés des pharaons.
Cette immense salle leur rend honneur par le biais d'une collection incroyablement complète. Ma lumière ne porte pas assez loin pour percevoir les détails, mais la lumière de la lune qui traverse les rares fenêtres à barreaux me permet de discerner les centaines de statues alignées, de toutes tailles et de toutes formes. Dans cette semi-obscurité, j'ai l'impression d'être devant une foule monstrueuse. Ici un chacal aux oreilles dressées, plus loin un dieu à tête d'oiseau (Ré ou Horus, je ne le discerne pas assez nettement pour me prononcer), de ce côté un pharaon, à côté un sphinx énorme qui ridiculise ceux du grand hall.
Il ne semble n'y avoir aucune logique de positionnement, les œuvres ne sont rangées ni par style, ni par forme, ni par taille, ce qui fait que de grosses statues sans autre intérêt que leur masse masquent des trésors, comme cette représentation de la déesse Bastet sous sa forme de chat. Elle semble taillée dans une

Statu du chat du gramd
prêtle Amenoptys, decoubert
en 1898 à Thèbe

pierre noire et brillante que je ne parviens pas à reconnaître dans cette lumière et le cartel plein de fautes ne m'en apprend pas plus, il précise simplement : « Statue du chat du grand prêtre Amenoptis, découverte en 1898 à Thèbes. χ. » Dommage qu'elle soit si lourde, j'en aurais fait mon affaire si je n'étais venu pour bien plus précieux. C'est un véritable bonheur que de pouvoir approcher et toucher ces œuvres d'art dont certaines sont plus vieilles que les premières civilisations européennes. Pas de cordon de sécurité, pas de vitrines, toutes les statues s'offrent au visiteur sans retenue.
Je dois reconnaître que je suis impressionné et jamais je n'avais vu une telle accumulation. Du fouillis se dégage une étrange harmonie, la profusion exhale une sérénité que seule la pierre peut transmettre. Je reste un instant à admirer un garde royal, armé d'une épée φ et dont le socle sculpté porte un symbole étonnamment moderne :

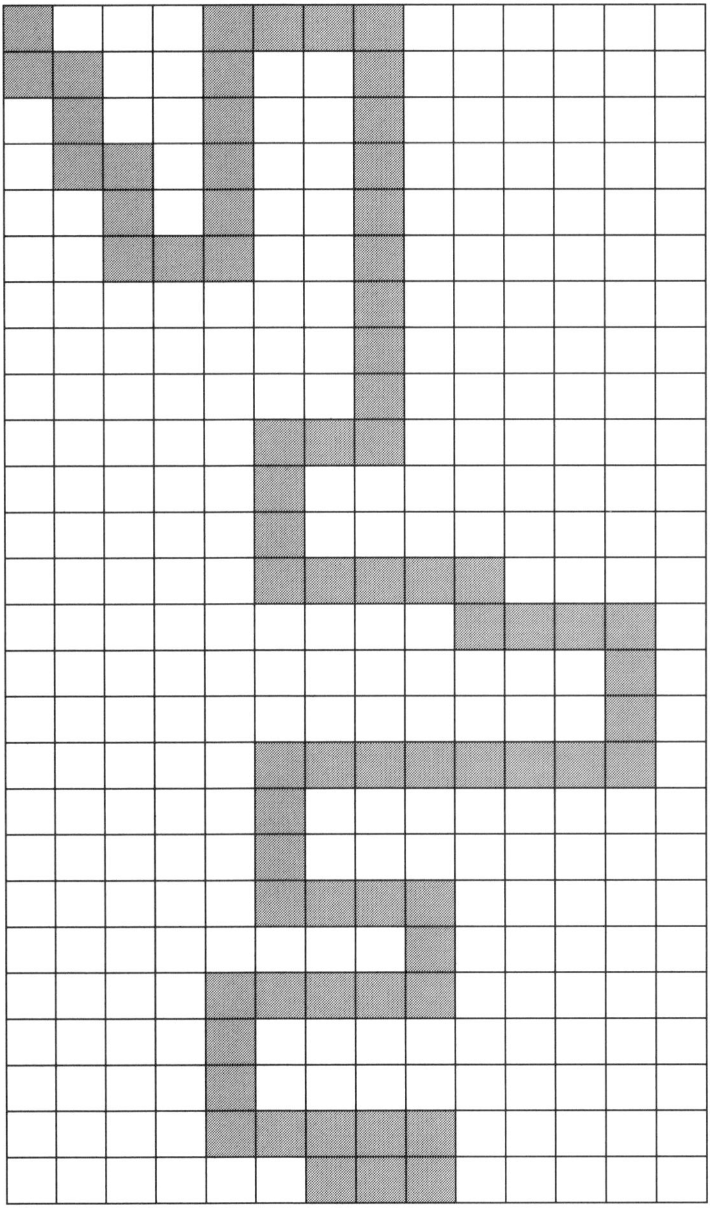

En déambulant entre les silhouettes figées, je trouve une nouvelle clé en bronze derrière un socle, oubliée dans l'ombre. Le chiffre 2 y est gravé alors qu'une étiquette indique le n° 756 (je peux cocher la clé n° 756 dans les Trouvailles, p. 242). À mi-chemin de la sortie, je remarque un étrange marquage au mur, il s'agit en fait d'une grille d'aération en fer forgé très stylisée. Elle évoque un labyrinthe que Minos n'aurait pas renié. Quelqu'un a inscrit « Anubis » juste dessous et rajouté des lettres çà et là, d'une écriture fine et précise.

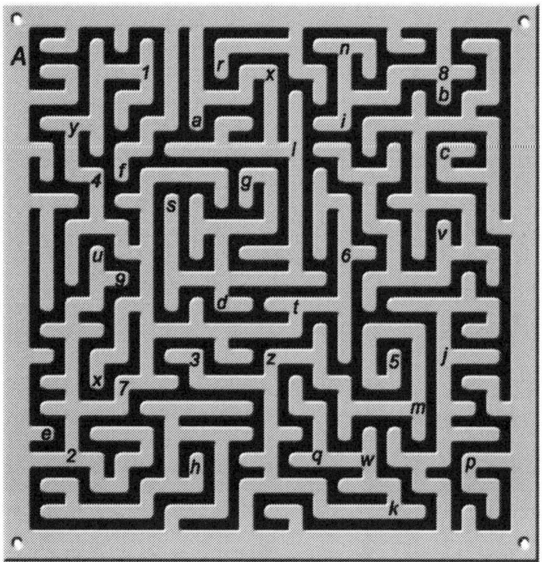


γ

I – Lentement, la tête d'une statue de pharaon de près de trois mètres de haut commence à tourner pour me suivre du regard. Terrifié, je reste figé alors que l'impressionnante sculpture descend de son socle et se rapproche. Elle me dépasse encore de deux bonnes têtes et avance d'une manière rigide et hideuse. Le sol tremble à chacun de ses pas. Je ne sais pas ce qu'elle me veut, mais mon instinct me dit que ce n'est rien de bon. Je n'attends pas qu'elle me rejoigne et je pars en courant entre les silhouettes de pierre. Derrière moi, j'entends mon poursuivant accélérer, le martèlement est effroyable ! Je comprends bien vite qu'il gagne sur moi et que je n'atteindrai pas la sortie. Sans prévenir, je me lance sur ma gauche et traverse les rangées de statues perpendiculairement. Le pharaon ne possède pas ma souplesse et il ne parvient pas à tourner aussi court. Il percute à pleine vitesse une représentation d'un scribe assis, les deux sculptures volent en éclats et plusieurs morceaux projetés par la violence du choc volent vers moi. Je suis obligé de me jeter au sol pour ne pas être blessé.
Alors que je me relève, c'est une statue de la déesse Maât qui s'anime, juste au-dessus de moi. La superbe femme porte des ailes d'oiseau et une grande plume au-dessus de sa coiffe élégante. J'adorerais admirer la finesse du travail de la pierre et les merveilleuses proportions de la belle, mais je

plonge de nouveau au sol juste à temps pour esquiver une attaque qui termine sa course dans un sphinx qui se brise en deux. Au moins, voilà une statue qui ne m'attaquera pas, me dis-je mentalement tout en déguerpissant. Bien moins lourde que le pharaon, la déesse me rattrape aisément de ses grandes enjambées gracieuses. Je vire sur ma droite à quatre-vingt-dix degrés, mais l'astuce ne marche pas, la femme-oiseau est agile. Me croyant plus malin, je tourne brusquement à gauche, mais elle a anticipé mon mouvement et me coupe la route. Je suis face à face avec la figure impassible. Je dois la combattre et vaincre pour survivre. Pour résoudre le combat, je me rends dans les annexes, au chapitre « Combats », p. 248.

**II** – J'enfonce le cartouche qui porte le hiéroglyphe de la main tournée vers la droite et la porte de pierre inébranlable s'ouvre doucement, sans autre bruit qu'un écoulement de sable venant de l'intérieur des murs. Encore un mécanisme multimillénaire rapporté d'Égypte avec tous ces autres trésors. Je peux lire la description de la pièce sans restriction.

**III** – Je déclenche bien un mécanisme, mais ce n'est apparemment pas celui que j'aurais souhaité ! Un système de soufflet me projette une poudre en plein visage. J'étouffe ! Mes yeux brûlent et je me crois mourant, mais, au bout de quelques minutes, je suis à nouveau capable de voir et de respirer librement. Le produit ne semble pas créer d'autre effet qu'un léger mal de tête. Dorénavant, si je peux accéder à tout le descriptif d'une pièce, je continuerai ma lecture immédiatement avec l'option I (et seulement l'option I). Cet effet ne se dissipera pas avant la fin de mon exploration du musée et sera applicable pour absolument toutes les salles de cette partie 1.

## *4 bis.* VESTIAIRE

Je traverse la longue salle en admirant l'architecture et les arches qui soutiennent un plafond à une bonne dizaine de mètres pour découvrir qu'il n'y a aucune autre issue qu'une porte marquée sobrement : « Accès au personnel du musée uniquement ». Je ne m'embarrasse pas d'autant de manières et entre dans un espace étroit qui sert de vestiaire aux gardiens, assistantes et autres membres de l'équipe qui aide M. Zigler à maintenir l'établissement. Dix-neuf casiers permettent à chacun d'eux de ranger leurs affaires de ville. J'essaie d'en ouvrir quelques-uns au hasard et constate que chaque compartiment est verrouillé par un code numérique différent. Le seul objet utile est peut-être cette canne lestée, laissée contre un mur par un gentleman sportif, sans doute un oubli. C'est une arme qui peut faire la différence en cas d'agression, si je souhaite la prendre, je la coche dans les Trouvailles, p. 224. Un simple coup d'œil me permet de constater que l'endroit est un cul-de-sac, je n'ai plus qu'à faire demi-tour.

---

**I** – Ma lanterne étant la seule source de lumière, ma silhouette devrait se découper derrière moi. Effectivement, après vérification, elle n'y est plus. Elle ne m'oppose aucune résistance quand je tente de passer. Encore heureux, on ne peut plus compter sur personne de nos jours, pas même son ombre…

**II** – Quoi que je fasse, les casiers restent désespérément fermés.

**III** – J'essaie d'entrer le nombre 17 sur la serrure du casier portant le même numéro. Et cela marche ! Le casier porte le nom d'une certaine Natalia Czajka, qui s'avère être la responsable et le bras droit de M. Zigler. Parmi ses possessions se trouve un superbe bijou venu tout droit de Russie. Il est en argent et comprend trois diamants d'une taille respectable. Il est gravé d'un symbole que je ne connais pas : ϖ. J'ignore pourquoi cette dame a laissé un tel trésor ici, mais je m'en emparerais bien. Si je souhaite l'empocher, je le coche dans les Trouvailles, p. 224.

## 5. LE TOMBEAU DE THOUTMÔSIS IV

La plus grande salle du musée pourrait écraser le superbe tombeau tellement les bâtiments égyptiens (qui ont été rapportés et reconstruits pierre par pierre) sont de taille relativement modeste. Mais, à bien y regarder, c'est cet espace qui donne toute l'importance à la dernière demeure du pharaon, présentée complète pour le plus grand plaisir des visiteurs. Une faible lueur éclaire toute la salle, elle tombe de la gigantesque verrière qui perce le toit. Dans un style typiquement Art nouveau, elle est supportée par des poutres en fer forgé du plus bel effet. Le contraste entre ce pinacle de l'art contemporain et les monuments du passé est revigorant. Je n'ai en revanche que très peu de chances de pouvoir jamais atteindre le toit vitré et m'enfuir en passant de ce côté, il faudrait voir à partir de la promenade à balustrade qui fait le tour de la pièce.

Le tombeau est composé de deux bâtiments. La vaste porte est séparée du sépulcre en lui-même, elle me rappelle que notre arc de triomphe parisien, inspiré de la culture romaine, vient en fait de l'Égypte ancienne. Le portail de pierre jaune est un rectangle de moellons ajustés sans mortier. Haut de sept à huit mètres, il est terminé par un chapiteau sculpté de feuilles de palmier et d'un symbole érodé par le temps. Un passage rectangulaire perce la construction sur presque toute sa hauteur et mène, quand on suit le chemin de pierres au sol, droit jusqu'au tombeau.

L'étrange bâtiment cubique destiné à accueillir le corps du pharaon est massif, il faisait partie d'une bien plus grande construction qui a été découverte et tirée des sables il y a seulement quelques années. Les journaux ont relaté l'événement et l'arrivée du monument dans ce musée a fait couler beaucoup d'encre. Naturellement, des dessins et des photographies ont accompagné les articles de presse. Mais voir en personne cet édifice me tire de mes occupations de cambrioleur bien terre à terre.

L'entrée gigantesque occupe quasiment toute la façade du cube de pierre, construit des mêmes blocs que l'arche d'entrée. Deux colonnes brisent le rectangle béant et forment un passage haut et

étroit. Les murs extérieurs sont étonnamment lisses. Je m'attendais à un tas de cailloux brisés puisque la salle du tombeau uniquement a été extraite de force du souterrain où on l'a trouvée. Seule la façade montre des traces du sacrilège et plusieurs blocs ont été brisés à mi-longueur, tout comme la frise qui court sur toute la largeur au-dessus de l'entrée. Mes yeux me jouent des tours, car je crois percevoir une lueur au fond de l'édifice. Je n'avais naturellement pas besoin de cette invitation pour m'aventurer à l'intérieur. Le reflet provient d'une clé en bronze exposée au milieu des objets cérémoniels. Elle est gravée d'un 3 et une étiquette portant le n° 246 y est attachée. Je peux empocher la clé (je peux cocher la clé n° 246 dans les Trouvailles, p. 222). L'espace intérieur est rythmé par quatre piliers carrés massifs et le sarcophage en plein centre. Tout est paré de pierres blanches du sol au plafond, couvertes de hiéroglyphes colorés. L'accumulation de symboles est telle qu'elle coupe le souffle du visiteur. Je reconnais des scènes contemporaines du pharaon, des esclaves construisant une pyramide, d'autres s'agenouillant en signe de soumission et de nombreux guerriers remportant des victoires avec éclat. Toute la vie du défunt est sans doute résumée en signes et en dessins. Les yeux fixés sur les symboles du plafond, posée dans un cénotaphe ouvert, gît une momie en excellent état de conservation. Le roi Thoutmôsis IV a vaincu la mort à sa façon, en étant toujours le centre de l'attention des vivants. Une corde de sécurité rouge empêche de s'approcher et de toucher la dépouille ou les murs, pour éviter de dégrader ces reliques du passé. Malheureusement, une usure est déjà visible là où les visiteurs les plus irrespectueux ont posé la main.

Le temps semble s'arrêter et j'imagine les prêtres et les membres de la famille venus rendre leurs derniers hommages au grand homme. Il n'a pas de lien de parenté directe avec la reine dont je convoite le collier, comme la plupart des corps exposés dans le musée. L'empire égyptien s'étale sur plusieurs millénaires, après tout.

Une fois ma contemplation du magnifique tombeau terminée, je ressors et examine un peu plus en détail la salle. Il n'existe aucune autre issue que la porte qui m'a amené ici. Les murs sont couverts de pierres taillées glanées çà et là dans les temples ou les tombeaux mineurs. Elles ne portent aucune inscription. Des tentures bleu et or habillent les espaces et rappellent les couleurs des masques funéraires. Chacune sert de fond à quatre superbes statues. Celle d'Anubis porte deux symboles 𓂀𓂀. Un panneau de bois porte un long texte expliquant les circonstances de la découverte et le nom du fameux archéologue aventurier à son origine, un certain Howard Carter. Le tombeau était déjà pillé de longue date quand il a été découvert et je ressens une pointe de déception : ma passion pour l'égyptologie vient en grande partie de leurs fabuleux trésors et je n'en ai vu que trop peu.

Parmi les annotations qui indiquent les dates et lieux de découverte, je remarque un texte étrange : « D'un côté ou de l'autre ? Les Égyptiens aimaient à brouiller les pistes et dissimuler des pièges dans le plus simple des systèmes d'ouverture. Pour résoudre celui qui mène au temple, il va falloir être attentif aux cartels. »

Me voici bien perplexe. Alerté par cette énigme, je me mets à regarder un peu plus attentivement les lieux. Sous un des poteaux de sécurité en laiton, je remarque qu'un bout de papier déchiré dépasse. Je m'en empare pour le lire et découvrir qu'il porte des hiéroglyphes :

Je ne sais guère qu'en penser et je jette un dernier regard à cette salle impressionnante, autant par son architecture que par le tombeau qu'elle dévoile. Cette visite privée forcée, bien que dépourvue des jeux de lumières, s'avère finalement très étonnante. Tout comme de voir le chiffre 5 entouré d'un trait de crayon, sur le plan des lieux accroché au mur, près de la sortie.

---

**I** – Une musique ténue me parvient des tréfonds du tombeau. Une harpe joue une mélodie de plus en plus forte, bientôt rejointe par des flûtes, des lyres et des percussions de cymbales. D'un ton plaintif au début, la complainte devient martiale puis aérienne. Je m'approche sans un bruit de manière à apercevoir ce qui se trame dans la construction. La lumière diffuse a fait place à un éclairage puissant et tremblotant, comme si des dizaines de torches brûlaient avec ardeur. Les ombres des participants à la procession virevoltent en tous sens, projetées sur les murs par les flammes frénétiques. Je compte une dizaine de silhouettes qui s'avancent en ligne. Des esclaves portent des objets, sans doute quelques coffres ou poteries cérémonielles, suivis par des gardes aux lances immenses. À leur tête, un homme à tête de faucon lève les bras au ciel. Je ne saurais dire s'il s'agit d'un prêtre portant un masque ou du

dieu Horus lui-même. Chacun de ses gestes ordonne à ses suivants certaines postures marquées par une petite pause, calqués sur le rythme de la musique. Alors que le son de la flûte atteint un paroxysme fanatique, les ombres se mettent à danser et bondir comme des possédés et une odeur d'encens âcre m'agresse les narines. Je fais un pas en avant pour tenter d'apercevoir les auteurs de cette sarabande dantesque et tout s'interrompt dans un bruit de cymbales assourdissant.
La lumière a disparu et je ne trouve plus aucune trace de la cérémonie à la lueur de ma lanterne. Je me pince pour vérifier que je suis bien éveillé et la douleur me confirme mes soupçons. Je ne sais que penser. Quel dommage, j'aurais tant aimé voir la procession de mes yeux.

**II** – Les yeux, mais les yeux de quoi ? Ah mais oui, les yeux d'obsidienne de cette statue d'Anubis. J'appuie sur les deux yeux de la statue et un grondement me signale qu'un mécanisme s'est bien enclenché. Une dalle du sol s'ouvre à seulement un mètre de moi. Le passage semble sûr et s'enfonce vers l'ouest. Je l'emprunte et après seulement une dizaine de mètres parcourus dans un étroit boyau de pierre, je peux remonter vers la surface. La dalle au-dessus de ma tête s'ouvre sans difficulté et je me rends compte que je suis dans une nouvelle salle. Elle est entièrement occupée de vitrines. Je suis en fait dans la salle 11 ! Je peux me rendre directement de la pièce 5 à la 11 sans passer par les salles adjacentes. Pratique si je suis bloqué !

**III** – Eyfag ? Mais cela ne veut rien dire eyfag ! Je ferais mieux de chercher une véritable solution et non pas des mots sans queue ni tête !

## 6. LA PROMENADE

Je grimpe les escaliers qui mènent à la grande mezzanine à balustrade en fer forgé. Elle donne à voir le mausolée et sa porte sous un angle inédit. Avec le recul, je peux bien mieux apprécier l'architecture de l'ensemble. Le passage fait tout le tour de la grande salle et propose des vitrines à espaces réguliers. Elles contiennent les meubles et objets trouvés avec la momie. Il ne s'agit, hélas, que de ce qui a été abandonné par les pillards de tombes antiques. Je me sens en connexion avec ces premiers cambrioleurs, ils me permettent de faire remonter mon métier aussi loin que les pharaons, il est probablement même encore bien plus vieux. De cette hauteur, j'examine la verrière avec attention, mais abandonne l'idée de fuir par-là :

bien que les arabesques de fer forgé me permettraient de lancer un cordage et de m'y accrocher, je remarque que la structure est déjà trop fragile pour soutenir le poids d'une telle surface de verre et plie même à certains endroits. Et pourtant, une barre d'acier recourbée, rangée derrière une des vitrines, ferait parfaitement office de grappin. Je peux l'emmener en la cochant dans les Trouvailles, p. 225.

De dépit, je parcours les expositions d'un pas rapide. Ma lampe accroche des reflets dans les vitrines, souvent un peu poussiéreuses. Je me rends compte même qu'un message a été tracé sur l'une d'elles : *« Si on part de A, on doit ensuite aller à 4, puis à 2, puis à 9 et enfin à 7. »* Je ne comprends pas vraiment et cela ne fait qu'ajouter à mon agacement. Des poteries quelconques, pour la plupart brisées, succèdent à des figurines en bois rongées par le temps, à des lances φ brisées, puis sont remplacées par des statuettes de serviteurs, de chats ou de bœufs. Puis c'est au tour de vaisselles élégantes mais en miettes et enfin de quelques coffrets et autres boîtes en bois sans valeur. Rien ne m'intéresse vraiment, sauf peut-être cette clé en bronze gravée d'un

7 dans un écrin et portant une étiquette l'identifiant comme l'élément n° 147. J'empoche la clé (je peux cocher la clé n° 147 dans les Trouvailles, p. 221). Sous la boîte en bois, un petit texte signé de mon hôte :

> *Mon cher,*
>
> *J'admets de souvent oublier l'une ou l'autre chose, cette fois c'est un chiffre et non un nombre, celui qui ouvre la salle des tombes, ce qu'aucune de ces clés ne fera, car il y est absent.*
>
> *Henri Zigler* δ

Je me rends compte que mon « hôte » joue avec moi comme un chat avec une souris. Alors que je redescends les escaliers, tout en m'imaginant en train d'assouvir ma vengeance de mille façons, je note que la pancarte qui indique la suite de la visite porte un texte intrigant : « *Suite de la visite : expositions, vitrines, pièges mortels et canopes.* » J'ajoute mentalement une ou deux formes de vengeance à ma liste déjà très longue...

---

**I** – Tout à coup, je m'aperçois qu'Henri Zigler en personne grimpe les escaliers que je descendais si nonchalamment. Je me réfugie dans l'ombre de la rampe et cherche une échappatoire. Mes méninges ont beau fonctionner à cent à l'heure, je ne trouve aucun moyen de me dissimuler plus longtemps. Mieux vaut surgir des ténèbres et le prendre par surprise que d'être découvert recroquevillé sur les marches. Avec tout le panache possible, je jaillis à quelques mètres de lui à peine. Le directeur du musée ne s'y attendait pas et il manque de tomber à la renverse. Je le retiens d'un geste rapide et lance un chapelet de jurons quand, profitant de ma mansuétude, il me tire en avant et me fait perdre l'équilibre. Je dévale les escaliers aux marches particulièrement dures. Il éclate de rire du haut de la promenade, persuadé que je suis réduit à l'impuissance. Couvert de bleus, oui, emmêlé dans ma cape, oui, incapable, non ! Je me remets sur pied et m'époussette sous les railleries du vieil homme, et le surprends en remontant les marches quatre à quatre, bien déterminé à le faire taire. Je le percute de plein fouet et une lutte épique s'engage avec le maître des lieux, sur la mezzanine bien trop étroite à mon goût. Pour continuer l'affrontement, je me rends dans les annexes, au chapitre « Combats », p. 248.

**II** – Je ne trouve rien d'intéressant.

**III** – La porte reste définitivement close, je devrais essayer autre chose.

## 7. RECONSTITUTION HISTORIQUE

« À vouloir trop en faire, souvent on en fait trop », disait mon père et force est de constater qu'il avait raison avec cette maxime stupide, au moins dans ce cas précis.
Il est évident qu'il faut être didactique pour les visiteurs, les membres de la plus haute société qui se voient invités ici en privé ne brillent pas toujours par leur culture. Pour avoir passé beaucoup de temps à discuter dans les bals et les réceptions avec les plus riches d'entre eux – pour leur soutirer leurs bijoux, naturellement –, je sais bien que M. Zigler a tout à fait raison d'en passer par là. Mais un peu de précision et de goût dans

l'exécution aurait pu aider à sauver ce carnaval involontaire du ridicule !
Devant moi s'expose une mise en scène d'une cour royale, reconstituée à grand renfort de mannequins en bois et de costumes colorés. Un pharaon au regard vide et blasé fixe, de son trône aux tons bien trop vifs, une douzaine de servants. Quatre gardes torse nu portent des coiffes rayées de noir et d'or et tiennent des lances romaines anachroniques. Sur le sol recouvert de sable, des sujets sont agenouillés. Je suppose qu'il s'agit de paysans, au regard de leurs tuniques sales et rapiécées. L'un d'eux tient une clé en bronze gravée d'un 4 portant une étiquette où il est inscrit « n° 113 ». Je peux m'emparer de la clé (je peux cocher la clé n° 113 dans les Trouvailles, p. 222).
Le décor tient dans quatre colonnes aux couleurs criardes, plusieurs grandes plantes en pot et une peinture murale montrant les pyramides de Gizeh. Le bas de la fresque est caché par une copieuse épaisseur de sable, je découvre même un stock de trois sacs marqués d'un symbole pour les intégrer au décor : . Je peux en emporter un et le cocher dans les Trouvailles, p. 223. Un rideau à moitié tiré devant la fresque est censé

créer l'illusion de se trouver dans quelque palais égyptien près du Caire, mais la perspective est tellement faussée que je suis certain que M. Zigler a fait exécuter cette horreur sans superviser les travaux. Je me demande même s'il n'a pas été obligé d'accepter cette « œuvre » d'un goût douteux ; je crois me souvenir d'un cadeau de ce genre fait par un riche mécène impressionné par sa visite.

Je cherche les mots pour qualifier cette infamie mais n'en trouve tout simplement aucun suffisant à une telle tâche. Je quitte les lieux par l'une des deux portes qui donnent de part et d'autre de cette pièce hideuse sans un regard en arrière, si ce n'est sur le plan des lieux qui indique que je suis dans la salle n° 7. Le chiffre est d'ailleurs entouré.

---

**I** – Je passe la porte, mais quelque chose m'arrête dans l'encadrement. Du coin de l'œil, j'ai cru déceler un mouvement furtif. Je me retourne, prêt à tout, essayant d'imaginer tous les scénarios possibles. Serait-ce un passage secret que je n'ai pas décelé et qui serait emprunté par un garde ou par M. Zigler en personne ? Peut-être s'agit-il d'un cambrioleur concurrent qui aurait pu se dissimuler lors de mon inspection, peut-être derrière un rideau ? Je fais quelques pas et commence à scruter chaque recoin, sur le qui-vive. Rien derrière le trône, rien derrière les colonnes, rien. Et pourtant, quelque chose me chiffonne et je ne parviens pas à mettre le doigt dessus. Lorsque le garde me saute dessus, lance à la main, je réalise ce qui n'allait pas : il n'y en avait plus que trois. Le quatrième, bien vivant, lance un cri de guerre affreux avant que de se ruer sur moi. J'esquive ce premier assaut, malgré la surprise, et me positionne de manière à ce qu'une colonne s'interpose entre nous. Tout en essayant d'anticiper les mouvements du soldat, je cherche une issue. Mais il m'est impossible de quitter cette salle sans subir une vicieuse attaque dans le dos. Je n'ai pas le choix, je dois l'affronter. Je me rends dans les annexes, au chapitre « Combats », p. 248, pour défendre chèrement ma peau.

**II** – Le système ne s'active pas.

**III** – Cet endroit est vide.

## 8. SALLE DU TEMPLE

La porte n'est pas verrouillée, mais j'ai l'habitude d'examiner les passages que je vais emprunter pour détecter les alarmes qui pourraient s'y trouver. Cela ne permet pas toujours d'éviter de les déclencher, mais cela réduit considérablement

le risque. Et si le mécanisme à l'entrée du musée avait été aussi visible que celui qui équipe manifestement cette salle, je serais déjà chez moi à siroter un remontant. Je n'ai guère envie de déclencher ce nouveau piège constitué de plusieurs roues de bois qui s'activent quand on pousse le battant. Je ne peux pas être certain de pouvoir bloquer le mécanisme gravé de symboles félins et le résultat pourrait bien être mortel. Je n'ai plus qu'à me creuser les méninges pour le déjouer.
**Je ne peux poursuivre ma lecture que si je parviens à contourner le piège et que le texte m'invite explicitement à continuer au-delà de ce point.**

Un des nombreux temples dédiés à Amon a été transporté ici. Tout comme le fameux tombeau de Thoutmôsis IV, le bâtiment a été démonté, transporté pierre par pierre et remonté. Il est composé de plusieurs murs mais sans aucun toit. Une porte est percée sur le côté gauche et un passage permet de le traverser facilement. Vu de dessus, il dessine les lettres H et I accolées. D'après le cartel, la construction a été réalisée dans le style armanien, réputé pour ses temples à ciel ouvert.

Les murs extérieurs sont entièrement gravés de hiéroglyphes et de silhouettes de très grande taille. Un personnage debout, portant la couronne blanche des pharaons, dépasse allègrement les trois mètres. À chaque représentation d'un dieu est associé un losange d'une longue frise, où tout le panthéon ou presque figure. Même si Amon est adoré dans cet endroit, les Égyptiens n'en oublient pas les autres divinités. Une lettre grecque discrète termine la frise : $\phi$.
L'intérieur est vide, d'après les inscriptions il devait contenir des statues du dieu, des poteries et probablement un bélier qui représentait la divinité vivante sur Terre. Il n'est pas possible de s'approcher de trop près des murs, des cordons protègent les inscriptions de l'usure provoquée par les visiteurs négligents.
Les vitrines à la gauche du temple dévoilent tous les aspects du culte. Amon, comme beaucoup de dieux égyptiens, est passé par plusieurs formes comme l'oie, le serpent puis le disque solaire avant d'être assimilé au dieu Soleil, plus tardivement. Une tablette quadrillée en pierre est marquée de nombreux hiéroglyphes liés à la divinité. Une traduction fantaisiste en a été faite juste à côté :

| | | | | | | | | | | | | | |
|---|---|---|---|---|---|---|---|---|---|---|---|---|---|
| P | A | L | I | A | Z | A | C | T | Z | A | D | E | Q |
| O | U | G | M | G | H | R | T | K | B | F | N | W | C |
| S | R | Q | B | E | T | F | I | Q | H | A | H | G | L |
| X | A | R | J | L | K | O | O | U | N | T | I | J | R |
| B | Y | R | O | R | R | G | N | F | K | H | O | X | R |
| G | E | E | T | E | D | Z | N | I | L | E | F | P | J |
| C | M | P | N | Y | V | O | E | K | F | Z | S | X | A |
| K | W | D | T | F | Z | U | Z | W | O | Z | C | A | U |
| E | I | R | X | X | Y | J | L | E | B | L | V | M | B |
| U | H | M | B | L | O | P | A | V | O | X | I | K | V |
| V | C | F | S | O | I | H | F | K | H | M | O | N | M |
| G | N | E | K | B | G | C | B | I | S | P | D | R | X |
| H | O | J | M | I | N | E | E | D | E | C | S | G | Z |
| T | G | U | K | Z | D | M | N | Z | U | X | F | O | K |
| J | P | A | L | T | T | A | E | K | Y | G | L | I | D |
| D | F | Y | E | D | D | G | H | C | M | P | U | S | L |
| I | S | S | C | H | A | H | E | L | S | R | E | V | R |
| O | H | X | I | P | U | E | W | O | E | M | R | F | S |
| L | R | N | P | W | T | V | K | Q | Y | O | F | M | O |
| M | V | K | L | B | E | T | T | R | Z | E | N | T | J |
| K | B | I | F | T | Q | F | M | O | L | G | A | J | Z |
| X | G | Y | D | I | O | F | S | I | V | L | H | S | U |
| V | N | G | H | S | H | J | E | P | C | M | J | R | M |
| C | K | F | S | V | C | O | B | Y | U | I | D | X | O |
| J | K | P | M | E | R | S | L | E | I | T | Q | A | P |
| E | X | F | A | G | N | S | A | B | W | H | S | N | L |

Les hiéroglyphes ne se traduisent pas par des lettres ! Même les versions les plus tardives conservent encore en partie une logique idéographique. Quelle erreur !
Sur la droite du bâtiment central, plusieurs miniatures de barques portant trois figures sont associées à la trinité de Thèbes, quand Amon est rejoint par Mout et Khonsou pour les grandes processions sacrées de Karnak à Louxor. Une clé en bronze anachronique fait partie de l'exposition. Elle est gravée d'un 6 et cette fois encore porte une étiquette où il est inscrit « n° 697 ». Je peux m'emparer de la clé pour compléter ma collection (je peux cocher la clé n° 697 dans les Trouvailles, p. 222).
Comme dans toutes les salles de cette aile, seulement deux portes permettent de circuler et dirigent le visiteur de plus en plus loin vers les mystères de l'Égypte (enfin, je l'espère, sinon cette configuration est tout simplement maladroite). Le sol est recouvert d'une moquette couleur sable voulant évoquer maladroitement le désert d'où a été tiré le temple. L'ensemble est intéressant, mais aurait gagné à une mise en scène plus efficace.

**I** – La moquette couleur sable est épaisse et j'ai même du mal à progresser alors que je traverse la pièce. Je ne suis plus qu'à deux mètres de la sortie quand je réalise dans quel piège je suis tombé : des sables mouvants ! Engoncé jusqu'à la taille et m'enfonçant de plus en plus vite, je sais que je dois rester calme et profiter du peu de temps qu'il me reste pour trouver une prise. Mon poing se verrouille sur une réplique de barque, pensant qu'il s'agit d'un objet fermement accroché et je me retrouve avec des débris inutiles en main. La panique commence à m'empêcher de penser rationnellement et je ne fais que descendre plus vite en tentant vainement de me libérer à grand renfort de gestes désespérés. Heureusement, je songe, *in extremis*, à m'alléger. Je me défais de tous les objets qui m'encombrent et m'attirent vers le fond. J'ai gagné quelques précieuses secondes et je me suis sensiblement approché de l'issue. Du bout des doigts, j'agrippe le bas de la porte. De toutes mes forces, je parviens à me hisser et à assurer ma prise. Il ne me faut plus que quelques instants pour sortir de ce piège atroce. Haletant, épuisé et ruisselant de sable, je suis tout de même sorti du traquenard.

**II** – La porte s'ouvre, mais le mécanisme se déclenche et projette une poudre à hauteur de visage. Pendant un court instant, je cherche mon souffle et j'ai peur pour ma vie, mais je reprends bien vite mes esprits. Je peux lire la description de la salle sans restriction. Dorénavant, si je peux accéder à tout le descriptif d'une pièce, je continuerai ma lecture immédiatement avec l'option I (et seulement l'option I). Cet effet ne se dissipera pas avant la fin de mon exploration du musée et sera applicable pour absolument toutes les salles de cette partie 1.

**III** – J'entre sans bruit quand tout à coup le piège s'active et m'asperge copieusement d'une fine poudre, par le biais de je ne sais quel mécanisme de soufflet. Il ne faut qu'une minute pour que les effets disparaissent et que je reprenne enfin une respiration normale. Je peux lire la description de la salle sans restriction. Dorénavant, si je peux accéder à tout le descriptif d'une pièce, je continuerai ma lecture immédiatement avec l'option I (et seulement l'option I). Cet effet ne se dissipera pas avant la fin de mon exploration du musée et sera applicable pour absolument toutes les salles de cette partie 1.

## 9. SALLE DES SARCOPHAGES

Les portes qui mènent à cette salle sont toutes deux verrouillées par une serrure solide qui ne peut être actionnée que par une clé adaptée. J'en ai croisé quelques-unes depuis le début de

mes pérégrinations et j'ignore laquelle utiliser. Essayer au hasard pourrait être une idée si, cette fois encore, je n'avais remarqué le mécanisme antique qui pourrait bien laisser tomber tout le linteau sur ma pauvre tête en cas d'erreur. Je ne raffole pas de l'idée de mourir écrasé sous quelques tonnes de granit.
**Je ne peux poursuivre ma lecture que si je parviens à trouver la bonne clé et que le texte m'invite explicitement à continuer au-delà de ce point.**

Les sarcophages les plus remarquables sont rassemblés dans cette salle basse de plafond. Sous une voûte écrasante qui rappelle le poids des pyramides, les cercueils antiques sont nombreux. Les plus somptueux sont sculptés dans la pierre, mais ont souvent perdu de leurs décorations, alors que les moins riches sont en bois et pourtant somptueusement décorés.
La pièce centrale est posée sur un socle de pierre, il s'agit d'un énorme sarcophage en granit rose attribué à Ramsès III. Le couvercle a été perdu, mais la cuve seule est proprement gigantesque. Longue de plus de trois mètres et aussi haute que

moi, elle est entièrement gravée de hiéroglyphes rehaussés de blanc. À chaque extrémité se trouve une grande représentation d'une déesse, Nephtys et Isis ; Anubis est également présent, à plus petite échelle. Tous veillent sur la dépouille du pharaon. La base de l'incroyable pièce est gravée d'une frise géométrique parfaitement exécutée qui fait tout le tour. L'ensemble est frappant d'élégance et de puissance à la fois.
Alors que j'admire cette œuvre d'art sous tous les angles, je ne peux m'empêcher de remarquer également un solide sarcophage en pierre bleue. Plus modeste, il n'en est pas moins impressionnant, d'autant plus qu'il est complet et que le couvercle sculpté représente le roi gisant, revêtu de la coiffe traditionnelle. Les côtés sont également ornés de symboles rehaussés de blanc, principalement des silhouettes de dieux et le nom du défunt, que je ne parviens pas à lire. À ma grande honte, je n'ai jamais pris le temps d'apprendre à décrypter couramment les hiéroglyphes (à ma décharge, je ne me sers de ce talent que très rarement dans mon métier de monte-en-l'air). Bien plus sobre, un cénotaphe non décoré représente un des servants qui a eu

l'honneur d'une telle sépulture. Adossé au mur en position debout, le personnage est bien plus symbolisé que les rois. Le visage est disproportionné, une expression sereine sur les traits, une coiffe large laissant apparaître les oreilles, bien trop grandes et presque aucun détail sur le corps, hormis des reliefs pour signifier le torse et les pieds. Les indications proposées pour ce sarcophage sont annotées d'une petite phrase énigmatique : « *Le gaz ne suit pas le chemin tortueux* η. » J'imagine que cela pourra me servir, mais je ne sais pas à quoi. Juste à côté de cette inscription, dans une cage de verre censée protéger des doigts avides et de l'usure du temps, un cercueil en bois est relevé. Richement décoré, il est peint en or, en bleu et en rouge, sur une base jaune. Le cartel m'apprend qu'il s'agit de la dernière demeure d'une reine.

Sur l'un des murs sont alignés une bonne dizaine de sarcophages de bois tous peints. Ils sont multicolores et parfois bien trop ornés de détails pour être réellement beaux. Certains visages sont représentés les yeux fixés vers le plafond, d'autres ont la face couverte de ce qui semble être des nattes dorées. À leurs pieds, de petites boîtes en forme de chat

abritent les corps des petits félins adorés par leurs maîtres. Au fond, près de la porte qui mène à la salle des trophées, un sarcophage de moins d'un mètre, très abîmé par les intempéries, abritait une petite fille. Enfants et animaux aussi ont eu accès à la vie éternelle. L'un d'eux porte une silhouette étrange que je n'associe à aucune tradition :

---

**I** – Le plus grand des sarcophages est étrangement moderne. Il comporte des inscriptions que je comprends sans peine : « Ci-gît Arsène Lupin, gentleman cambrioleur et roi des voleurs. » Je reste interdit devant cette découverte. Après quelques instants d'incompréhension totale, j'ouvre le couvercle de bois pour découvrir un intérieur confortable de velours rouge. Une impulsion morbide me pousse à me glisser à l'intérieur et à refermer sur moi. Dans le noir, mes sens exacerbés perçoivent les odeurs du bois, une touche d'encens et un parfum floral que je n'arrive pas à situer. C'est à ce moment que la cérémonie commence. Une musique triste résonne entre les murs du musée et la rumeur de la centaine de personnes venues assister à mes derniers instants couvre le bruit des cloches qui sonnent en ville. Je me permets d'entrouvrir le couvercle pour voir qui est venu me dire adieu. Je suis heureux et surpris de découvrir des confrères, des ennemis, dont plusieurs inspecteurs de police, et plusieurs notables. Un officiant va prendre la parole pour évoquer mes meilleurs souvenirs (et peut-être tirer quelques larmes des dames tout de noir vêtues) quand le sarcophage bascule. Je me retrouve à terre, dans le silence du musée, car il n'y a personne autour de moi. J'ai dû rêver, je devrais surveiller mon imagination.

**II** – Dans les nombres indiqués sur les clés, le chiffre 8 est absent. C'est donc la clé 8, numérotée 325, qui ouvre la porte ! La clé déverrouille la porte sans effort. Il s'agissait bien du seul chiffre gravé qui n'était pas utilisé. Je peux me rendre en salle 9 et lire la description de la pièce sans restriction.

**III** – La clé actionne un mécanisme simple et efficace qui vide un réservoir de sable situé sous le linteau. Je crois que j'ai perdu une demi-seconde à admirer l'ingéniosité et la simplicité de la chose. Ce petit laps de temps m'a manqué pour esquiver l'énorme bloc de pierre servant de linteau, quand il s'est brusquement détaché du mur et précipité sur moi… Je poursuis ma lecture au chapitre « L'après-vie », paragraphe A, p. 271.

## 10. SALLE DES ANIMAUX

Dans le faisceau de ma lanterne, une mise en scène étonnante s'offre à moi. Autour d'une grande horloge gravée dans la pierre, cette salle rassemble les douze animaux sacrés, représentant chacun une des heures du jour. Le premier est naturellement le chat, au moyen d'une superbe statue noire. Le chien, l'âne, le lion, le taureau et le crocodile sont également présents sous la forme de sculptures de différentes tailles. Alors que les pierres gravées des silhouettes du serpent, du bélier, du singe et de la tortue sont disposées sur de petits socles sombres. Les trois derniers prennent la forme de bas-reliefs et montrent des divinités à tête de scarabée, d'épervier et d'ibis.

Naturellement, l'Égypte antique ne connaissait pas les cadrans horaires et cette représentation, en rond, est tout à fait anachronique. Au mieux, les savants de l'époque des pharaons utilisaient la clepsydre, comme celle retrouvée à Karnak récemment. Je l'ai admirée au musée du Caire avec délectation, c'est un mécanisme simple et terriblement ingénieux.

Tout autour de l'horloge, de nombreuses autres statues et statuettes d'animaux montrent à quel point les anciens Égyptiens étaient férus de petites et de grosses bêtes. Je croise même des oies, certaines simplement esquissées dans un bloc de marbre, d'autres finement ciselées. Trois canopes de petite taille sont posés contre un mur et attirent mon attention, les vases mortuaires se terminent par des têtes sculptées de bélier, de faucon et d'un homme portant une couronne ornée de deux grandes plumes stylisées. Un losange sous leur base me rappelle vaguement quelque chose que j'ai vu auparavant, sur le temple d'Amon. Je peux les emporter si je le souhaite, je peux alors cocher ces trois canopes dans les Trouvailles, p. 223. Je me permets de tirer les lourds rideaux qui habillent les murs, dans le faible espoir de découvrir le collier ou le quasi inexistant espoir de tomber sur une sortie. Je ne trouve ni l'un ni l'autre, naturellement, par contre je dévoile une inscription sur un mur, normalement invisible : *« Les intrus ne ressemblent pas à la clé. »*
Rien ne retient le visiteur de passer au milieu des statues, elles sont d'ailleurs usées par les caresses

de mains avides, sur les pattes ou la tête. Les blocs de pierre sculptée ont particulièrement souffert de graffitis datant de toutes les époques, car les dégradations causées par les touristes ne datent pas d'hier. Je devine du grec, du latin et d'autres langues encore entremêlées. Le plus récent est en français : « *Quand un piège menace votre vie, confiez votre âme comme le faisaient les anciens pharaons* **ε**. »

Cette salle ne compte que deux issues, afin de diriger le visiteur dans le sens de l'exposition. Un vaste escalier permet de monter jusqu'à la salle des vitrines et le montant de la porte a été subtilisé à quelque temple. Un lourd linteau de pierre gravé de signes à peine discernables a été intégré à la maçonnerie. Un plan du musée, vierge de toute annotation, m'exaspère : il me reste encore tant de salles à visiter !

---

**I** –À la lumière de ma lanterne, toutes les ombres semblent bouger, mais, à bien y regarder, une statue de chat s'est déplacée. Elle se frotte au piédestal d'une sculpture de chien magnifique. Ce dernier ne tarde pas à s'agacer du petit jeu du félin et saute à bas de son socle pour l'attraper. Le chat s'enfuit et une course-poursuite est lancée. Dans leur jeu insensé, les deux animaux tournent tout autour de la pièce, n'hésitant pas à bousculer les autres œuvres d'art pour gagner un peu de terrain. L'agilité du poursuivi est telle qu'il court même le long des murs, profitant de son élan. Le poursuivant, plus lourd, reste à sa hauteur mais ne peut quitter le sol. De bond en bond, le chat fait plusieurs fois le tour de la salle sans jamais poser une patte par terre. Exaspéré, le chien tourne en tous sens, espérant à chaque saut de sa proie qu'elle glisse et tombe. Mais c'est sans compter sur l'adresse naturelle féline. Ils se poursuivent depuis un moment, sans se fatiguer, quand je commence à me lasser du spectacle. Un instinct puéril me conseille de tendre un pied malveillant pour faire tomber l'un ou l'autre des belligérants, mais j'abandonne rapidement l'idée. J'ai un collier à voler, je laisse les deux statues à leur bagarre qui semble ne jamais vouloir cesser.

**II** – Je dois me tromper quelque part, car cela ne marche pas.

**III** – La logique n'est pas la bonne, car cela ne fonctionne pas.

## 11. SALLE DES VITRINES

Le passage donne sur des dizaines de mètres de vitrines basses, contenant sans nul doute des centaines de petits objets. Toutes les vitrines sont de même taille, de simples meubles de bois sur pieds, à hauteur de ceinture et fermées par une vitre solide. D'un balayage de ma lanterne, je remarque que la circulation est contrainte par l'agencement des vitrines et que le visiteur est obligé de suivre un chemin précis pour se rendre jusqu'à la porte de sortie.

En venant de la salle des animaux, le chemin s'enfonce *tout droit* après la porte menant à la salle des animaux. Les *cinq* premières vitrines contiennent de petites tablettes gravées, certaines sont partiellement traduites, d'autres en trop piteux état pour en tirer quoi que ce soit. L'une d'elles est manifestement un faux, je peux l'attester à la pierre choisie, à son usure et à la précision de la ciselure. Le faussaire n'était même pas motivé apparemment, pas plus que l'acheteur pour le compte de M. Zigler, qui a laissé passer une telle énormité.

Le chemin tourne à quatre-vingt-dix degrés sur ma *gauche*. Les *trois* vitrines présentent des miniatures en bois. Tombeaux peints, masques mortuaires et autres silhouettes humaines usées par le sable et le temps.

Le chemin tourne à nouveau sur ma *gauche* à angle droit. Que de temps perdu en circonvolutions ! J'imagine qu'un jour, dans un lointain futur où la place manquera, les gens supporteront ces zigs et ces zags ou les trouveront même amusants, qui sait ? Les *trois* vitrines suivantes offrent à mon regard éberlué la première chose véritablement intéressante de cette salle. Des fragments d'une momie de crocodile dont la peau, tannée comme du cuir, part en lambeaux. Le regard vide est fascinant, les crocs visibles sont terrifiants. Je n'en ai vu qu'une seule fois un vivant, au parc zoologique de la Tête d'or, à Lyon. Des bêtes magnifiques et un grand moment de frisson quand un employé est venu les nourrir et nous montrer à quel point ces animaux sont énormes.
Un virage à droite est le bienvenu, d'autant plus qu'il m'emmène en direction de la porte de la salle des bijoux (tant convoités !). *Une* seule vitrine expose une maquette des trois pyramides de Gizeh, petites formes de pierre posées sur un lit de sable. Le sculpteur s'est appliqué à recréer une ambiance antique, avec un sphinx flambant neuf, sans penser une seule seconde à rénover

les pyramides elles aussi. Elles apparaissent telles que je les ai vues, presque sans parement de calcaire. Cet établissement manque de sérieux. Si son propriétaire passait plus de temps à contrôler le travail de ses subalternes qu'à concocter des pièges machiavéliques, non seulement le musée gagnerait en sérieux, mais en plus je serais peut-être déjà sorti d'ici !

Un virage à droite me force à longer *trois* nouvelles vitrines pleines de statuettes de pharaons, de scribes assis, au travail ou non, de figurines de serviteurs ou de soldats brandissant leurs lances. Toutes les vitrines portent un numéro, mais certaines possèdent aussi un nom. Je note la liste : Horus, Osiris, Hathor, Évitez, Noyez, Éliminez, Deuxième, Bas, Haut, Osez, Noir. Certains noms sont assez bizarres, je dois bien l'admettre.

*Un* virage à gauche de plus me fait longer *trois* nouvelles vitrines, que je survole. Elles sont sans intérêt.

Mon périple touche à sa fin ou presque avec un virage à gauche sur *cinq* vitrines où sont entreposées des statuettes de dieux anthropomorphes, Thot – à la tête d'ibis –, Hathor – à la tête de vache –, Horus – à la tête de faucon – ou encore

Anubis – à la tête de chacal – sont les plus connus. Au milieu de plusieurs sculptures du dieu-serpent Apophis, une illustration retient mon attention : le serpent est porté par des jambes humaines. L'habituel plan des lieux fixé au mur a été modifié. Le 11 a été entouré. Un cadenas alphanumérique à molette est accroché ostensiblement sur le plan, dans cette salle. Il est ouvert et indique la lettre « R ».

---

**I** – Dans la vitrine tout près de la porte, des canopes ont été ouverts. C'est toute une collection de ces poteries qui est exposée. Les couvercles ont été descellés et c'est bien la première fois que j'en vois exposés dans un aussi bon état de conservation. Les vases portent encore des couleurs vives, les blancs sont immaculés et les noirs profonds. Je me demande par quel miracle ils ont pu nous parvenir intacts. Je commence à soupçonner des copies, surtout en l'absence de cartel pour indiquer leur provenance, quand je perçois le contenu. La lumière n'est pas très bonne et il m'a été indispensable de me pencher et d'approcher mon visage de la vitrine pour bien y voir. C'est sans doute cela qui explique le violent dégoût et le recul instinctif qui m'ont envoyé contre les meubles de l'autre côté de la circulation, à deux mètres de là. Je n'y crois pas, j'ai été berné par les ombres et mon cerveau, je suis sans doute bien plus fatigué par cette soirée que je le croyais. Je dois être sûr et je m'arme de courage pour m'avancer à nouveau.

Dans le premier canope, qui ne devrait contenir que de la poussière, c'est bien ce que j'ai cru voir auparavant. L'intérieur de la poterie blanche est aspergé de sang et elle contient un amas de viscères indéfinissables et indescriptibles. Le vase juste à côté renferme un amas sanguinolent hideux sur lequel trônent deux globes oculaires. C'en est trop, je n'ai pas l'estomac fragile, mais je refuse d'en voir plus. Naturellement, mes yeux se promènent sur les autres pots funéraires malgré moi. En un seul regard, j'accumule assez d'images funestes pour le reste de mes jours et vous me pardonnerez de ne pas vous relater en détail ce que je vois à ce moment-là. N'insistez pas, je n'en ai pas la force. Je me force à fuir les lieux au plus vite, frissonnant et le cœur au bord des lèvres.

**II** – Je pousse sur la poignée, puis je tire, puis j'essaie tous les mouvements qui me viennent à l'esprit, mais la porte ne bouge pas d'un millimètre.

**III** – Je pourrais tout autant souffler sur la porte ou déclamer des mots magiques, rien ne marche !

## 12. SALLE DES BIJOUX

Enfin ! Cette pièce est le pinacle de ma visite nocturne et je ne sais plus où donner de la tête. Les murs sont d'un rouge profond, tout comme les velours des vitrines qui présentent les trésors de l'Égypte ancienne. Mon regard se pose sur une superbe collection de colliers en or aux motifs floraux ou de poissons, la plupart sont en parfait état et certains sont superbes. D'autres pièces de valeur attirent le regard : bracelets, bagues mais aussi canope marqué 𓎛, masque mortuaire couvert d'or et bien d'autres.

Dans mon emportement, je ne remarque pas le piège et la dalle de pierre sous mon pied émet un petit bruit mécanique quand j'y porte tout mon poids. Je me fige instantanément. J'attends les effets, mais rien ne vient, cela doit être un système qui s'active lorsque l'on relève le pied. Je reste de marbre pour ne pas activer le mécanisme par accident. Cela me donne le temps de réfléchir.

Il doit exister un moyen de désactiver le système de l'endroit où je me trouve, une forme de sécurité pour son concepteur. Je regarde partout autour de moi, espérant découvrir un bouton discret, mais la commande est trop bien dissimulée. Comment vais-je faire pour me sortir de là ?

---

**I** – Tous les modèles de mécanismes mortels actuels ou antiques me reviennent en tête et je me vois mourir de mille façons différentes, toutes plus pitoyables les unes que les autres. Une peur terrible me prend au ventre et me ramène presque dix ans plus tôt, lors du fameux cambriolage de la tour de Londres. J'étais plus jeune alors et je cherchais à construire la réputation que vous connaissez. Lors d'une exposition exceptionnelle, tous les bijoux de la Couronne britannique étaient entreposés dans le fameux donjon de sinistre réputation. Je voulais juste faire passer un message : moi, Arsène Lupin, je suis capable de m'introduire absolument partout. Évidemment, trop confiant, j'avais annoncé que je parviendrais à entrer, à désamorcer tous les traquenards et à laisser ma carte auprès des joyaux sans y toucher. J'ai tenu ma promesse et je n'en ai volé aucun et toute la planète a entendu parler d'Arsène Lupin.
Mais cela n'a pas été sans mal et la vieille tour n'avait pas été choisie par hasard. Elle recelait encore quelques chausse-trappes médiévales d'un goût plus que douteux. C'est ainsi que je me suis retrouvé suspendu dans le vide, me retenant du bout des doigts, à trois mètres au-dessus d'une fosse emplie de piques d'un barbarisme affligeant. C'est ce jour-là

que j'ai découvert que les gants de soie, aussi importants qu'ils soient dans la tenue de tout gentleman qui se respecte, ne sont pas d'une utilité folle en plein cambriolage. Pis, dans cette situation, ils me desservaient et glissaient, m'envoyant inexorablement vers une fin sinistre.
Depuis cette époque, je considère toujours la vision du concepteur du piège. Toujours, ou presque toujours, le créateur a une peur bleue de son propre traquenard et prévoit une façon de s'en sortir si, par mégarde ou par accident, il tombait dedans lui-même. À cette époque, dans ce piège ancien, il s'agissait d'une petite zone d'atterrissage sans danger qu'il m'a été facile de repérer, car j'ai conservé mon sang-froid et tout misé sur mon sens de l'observation. C'est probablement la même chose ici et maintenant.

**II** – Je savais bien que c'était une bonne idée de transporter tout ce sable. Les mécanismes égyptiens ont une limite, leur sensibilité. Le piège ne fera probablement pas la différence entre mon poids et le sac de sable seul, car il est assez lourd pour maintenir la dalle de commande en position basse. Avec toutes les précautions du monde, je pose le sac et recule doucement. La pierre bouge légèrement, mais pas assez pour déclencher le piège !
Me voilà sorti de là. Je parcours la sélection des yeux avidement mais ne trouve pas le collier de la reine Iâhhotep. Une

inspection complète s'impose et mes yeux brillent de ces milliers de bijoux.

Une grande quantité de bracelets multicolores, faits d'or, de perles, de lapis-lazuli et d'autres pierres s'offrent à mon regard avide. Il y en a pour une petite fortune et le plus beau de tous, bleu, rouge et doré, ferait se pâmer n'importe quelle dame de la bonne société. Mais la chance n'est pas avec moi et le collier n'est pas ici non plus.

Je passe frénétiquement à une nouvelle vitrine pour découvrir des dizaines et des dizaines de bagues ornées de pierres, de perles ou même de sculptures, comme ce magnifique scarabée bleu et or. Que de splendeurs ! Le collier ne se trouve pas là une fois encore.

En relevant les yeux, je découvre les statuettes couvertes d'or destinées aux offrandes. Un magnifique prêtre de près de cinquante centimètres ferait un magnifique souvenir, mais il est intransportable. Tout comme le crâne de bélier qui trône juste à côté et qui doit peser bien trop lourd pour moi. J'admire également un masque mortuaire en or, gigantesque et éclatant. Le visage est rehaussé de noir et de bleu, alors que la coiffe porte de discrètes touches de rouge. Ce trésor a été volé de longue date dans le tombeau de Sesotris II et retrouvé dans les biens de quelque famille aisée du Caire, qui en a finalement fait don au musée, d'après le cartel, très complet. J'imagine que M. Zigler se sent obligé de justifier

l'acquisition de cette pièce, la rumeur prétend qu'il ne recule devant aucune action, légale ou illégale, et même certains actes odieux, pour assouvir sa passion.
Ma main hésite devant tant de trésors, même s'il me sera bien difficile de les revendre. J'ai eu la chance de trouver un acheteur pour le collier de la reine, je ne suis pas certain de pouvoir me débarrasser de quoi que ce soit d'autre. Si je souhaite tout de même faire main basse sur quelques trésors de grande valeur mais de petite taille, comme cette belle bague portant un scarabée bleu et doré, ce collier en métal précieux à motif floral ou ce bracelet rouge et bleu, je peux me rendre dans les Trouvailles, p. 220 et cocher les éléments de mon choix.
Une seule autre porte me permet de quitter cet endroit, cette visite est vraiment bien trop guidée à mon goût. Un dernier affichage, à côté de la sortie, me présente un bref historique des acquisitions de M. Zigler. Mon instinct me pousse à retourner la pancarte et je suis récompensé de ma curiosité ! Au verso de la pancarte, je peux lire : « *Le code est lié à mes passions* λ. »

**III** – C'est très probablement un de ces bijoux qui actionne la sécurité du piège. Les premiers trésors à portée de main ne sont pas reliés au mécanisme. Hélas, mes mouvements amples pour atteindre des joyaux de plus en plus loin finissent par activer le piège. Je me rends au paragraphe B du chapitre « L'après-vie », p. 271.

## 13. OBJETS DU QUOTIDIEN

La porte n'est pas verrouillée et j'allais toucher la poignée quand une voix sourde me parvient de l'autre côté : « Ne faites pas ça, malheureux, toute la salle est piégée ! Je suis coincé à l'intérieur depuis des heures et si l'on tente d'ouvrir la porte, un gaz mortel se répandra dans la pièce. » En échangeant quelques mots avec le prisonnier, j'apprends que c'est un collègue malchanceux qui est bloqué depuis le début de la nuit et attendait le petit matin pour être « cueilli » par la police. Comment vais-je faire pour accéder à cette salle sans la remplir de gaz et, soyons chevaleresque, libérer ce cambrioleur en détresse ?

**Je ne peux poursuivre ma lecture que si je parviens à contourner le piège et que le texte m'invite explicitement à continuer au-delà de ce point.**

Les murs de cette salle sont entièrement couverts de vitrines hautes, alors que des meubles bas occupent l'espace central. Des

milliers d'objets témoignent de la vie de tous les jours. La plupart d'entre eux appartenaient au peuple, mais une petite partie était destinée à l'usage des pharaons, des princes, des reines ou des prêtres.
Les objets du quotidien du peuple rassemblent de la vaisselle en terre cuite ou en pierre, de petites figurines sculptées d'animaux en ivoire (il s'agirait de jouets d'après leur cartel), des pyramidions, des représentations grossières d'insectes sacrés et de dieux, un grand nombre de stèles gravées et énormément de bijoux dans des matériaux peu nobles, comme des bracelets en étain et des colliers en bois peint. La collection est très complète.
Les plus riches profitaient de bien plus de luxe et de choix. La vaisselle est ici en métal, parfois en or, les figurines représentent les aïeuls, les animaux domestiques préférés sont figés pour l'éternité dans le marbre. Les meubles sont bien plus nombreux et les privilégiés s'offraient des coffres en bois ornementé, des urnes en pierre semi-précieuse, des vases cérémoniels finement sculptés ou encore des trônes massifs.
L'omniprésence des armes montre à quel point cette époque était brutale, malgré le haut degré

de civilisation. Des arcs φ sont suspendus au sommet des vitrines murales, alors que des haches, couteaux et javelines en tous genres sont dispersés au milieu des objets moins guerriers. Je parcours toute la collection et farfouille à la recherche d'une cache où le collier pourrait avoir été dissimulé, sans succès. Toutefois, je trouve un cartel étrange. Placé entre deux objets, il ne semble pas assigné à l'un d'eux en particulier. Le texte est, lui aussi, tout à fait étrange :

Seule la lettre qui
mène à l'au-delà ouvrira
les terres des morts.
α

Cela me semble bien abscons, je préfère passer mon chemin. Encore une fois, une seule autre porte s'offre à moi, accompagnée du sempiternel plan des lieux annoté, c'est le nombre 13 cette fois-ci, naturellement.

---

**I** – La demoiselle a manifestement changé d'avis et la voici qui revient vers moi d'un pas décidé. Plein d'espoirs, je rectifie

ma tenue et lisse ma moustache, prêt à valser sur les mots avec la jolie voleuse et, qui sait, peut-être même véritablement danser avec elle plus tard, cette nuit ? Mes espoirs sont assez vite douchés quand je remarque son air furieux, sa démarche agressive et ses poings serrés. Elle m'agonit d'injures sans que je comprenne ce qui a pu déclencher une telle crise d'hystérie. Je tente de la calmer comme je peux. Mes mots apaisants font l'effet de l'huile jetée sur le feu et elle me lance un crochet du droit que je ne vois pas venir. Un peu étourdi, je prends mes distances avec la furie et comprends qu'elle aussi a été empoisonnée par le mystérieux produit. Les perceptions mises sens dessus dessous, elle me prend pour Zigler et est décidée à régler ses comptes et surtout à me régler le mien !
Je fais tout pour la dissuader et la sortir du carcan hallucinogène de la drogue, mais sans succès. Après avoir reçu un deuxième coup fort douloureux que la décence m'interdit de relater ici, je me décide enfin à me défendre. Elle veut me tuer. Pour engager Margaux en combat, je me rends dans les annexes, au chapitre « Combats », p. 248.

**II** – Mine ? Je ne sais pas trop si c'est la bonne solution et surtout je ne sais pas comment l'utiliser. Je ferais mieux d'y réfléchir à nouveau, il en va de la vie d'un collègue (et de mon passage par cette salle en toute sécurité, également).

**III** – En appliquant le cheminement trouvé sur le socle dans la salle 4 au tableau de lettres trouvé en salle 8, je peux collecter l'indication pour ouvrir : j'actionne la poignée deux fois vers le haut et trois fois vers le bas avant de pousser sur le battant. Je ne perçois ni sifflement de gaz mortel ni aucune odeur suspecte, j'ai probablement résolu l'énigme ! En ouvrant la porte en grand, je découvre le cambrioleur, un jeune homme terrifié portant une tenue de rue, pantalons de laine, chemise ample, gilet grossier et béret. J'imagine sa surprise en voyant un gentleman en costume queue-de-pie, monocle et haut-de-forme le délivrer. Il se jette dans mes bras et me remercie mille fois. Je peux prendre le temps de discuter avec le monte-en-l'air en herbe en me rendant dans les annexes, chapitre « Discussions », paragraphe « Margaux », p. 254. Dorénavant, je pourrai lire la description de la salle 13 sans restriction.

## 14. SALLE DES SCRIBES

C'est grâce aux scribes que nous connaissons aussi bien l'Égypte ancienne. Ils rédigeaient et gardaient des traces de tout, de la vie quotidienne, des comptes, des réalisations des pharaons, de la construction des grands monuments ou des événements politiques et militaires. En parcourant les statues, les tombes, les pierres gravées et les outils, j'apprends énormément de choses sur ces personnages qui ne m'ont jamais vraiment intéressé auparavant. Ainsi, les scribes sont des fonctionnaires recrutés et payés par l'État et ils interviennent à tous les niveaux de la société, principalement économique, politique, militaire et religieux.

Je m'émerveille devant les superbes sculptures à taille humaine. D'ailleurs, au pied d'une des statues, je remarque une inscription : « *Le premier qui manque ouvre le casier* $\theta$. » Je suis étonné par la magnificence des tombeaux qui leur sont accordés. Certains scribes avaient un pouvoir si grand qu'ils se faisaient enterrer avec un faste somptueux. Leurs outils les accompagnaient dans la vie après la mort et ils sont largement représentés ici. Le scribe utilisait deux encres, une rouge et une noire, posées à l'aide de pinceaux, et usait d'un mortier pour moudre les pigments. Il travaillait principalement sur papyrus, mais sculptait aussi la pierre, et c'est heureux car assez peu de rouleaux de papyrus nous sont parvenus à cause des ravages du temps. Enfin, le scribe possédait un sceau, en tant que détenteur de l'autorité, il scellait ses écrits avec de l'argile. Une drôle de clé en fer, toute simple, pourrait bien appartenir à l'époque des pharaons, mais mes doutes sont levés quand je découvre le petit texte qui accompagne l'outil : *« Je porte la réponse sur moi, tout comme les vitrines* **l**. »

Malgré la profusion de trésors historiques, il n'y en a aucun ayant une quelconque valeur financière, et encore moins de collier.

Je passe mon chemin en me dirigeant vers l'autre porte, content d'avoir découvert cet aspect de l'Égypte ancienne que j'avais toujours ignoré.

---

**I** – Le faste de certains enterrements rivalisait avec celui des pharaons, cela devait vraiment provoquer des tensions politiques entre la famille royale et celle du scribe défunt. Des guerres ont été déclenchées pour moins que ça. Les forces armées du pharaon s'organisaient dans le désert, se préparant à l'assaut imminent sur la ville dissidente qui avait osé humilier le roi d'Égypte en érigeant une pyramide plus haute encore que celle de ses pères. Thoutmôsis lui-même était là, menant les troupes à partir de son char tiré par des sphinx ailés. Quand tout à coup, les cris d'alerte des éclaireurs positionnés sur le flanc droit firent tourner toutes les têtes à l'unisson. Un grondement sinistre signalait l'approche d'une menace inconnue. La dune la plus proche se couvrit d'ennemis, de milliers d'ennemis. Une vague de scribes hideux, aux traits déformés par la haine, dévorait l'horizon. L'armée régulière se mit en position tant bien que mal alors que le feu ennemi s'abattait sur elle. Les scribes projetaient des stylets en bois mortels et se protégeaient des attaques ennemies à l'aide de boucliers en papyrus couverts de symboles magiques de protection…

Houla, que m'arrive-t-il ? Je secoue la tête pour me remettre les idées en place. Cette vision était si réelle, est-ce bien une simple hallucination ? Qu'est-ce que je faisais déjà ? Ah oui, sortir d'ici...

**II** – Je dois m'être fourvoyé à un moment, car ce n'est pas ça.

**III** – Il n'y a rien du tout ici, dommage.

## 15. SALLE DES POTERIES

Les deux portes donnant sur cette salle sont fermées par des cadenas alphanumériques à molette, comme ceux de la salle des vitrines. Elles sont solides et il m'est impossible de trouver le moindre interstice pour essayer de glisser un outil et tenter de forcer l'ouverture. Je me vois contraint de trouver le bon code. La molette montre actuellement « R ».
**Je ne peux poursuivre ma lecture que si je parviens à trouver le code et que le texte m'invite explicitement à continuer au-delà de ce point.**

C'est dans cette pièce que les poteries de toutes les époques et de tous les usages sont

présentées. Les plus connues sont les canopes, rassemblées avec tous les autres récipients funéraires et religieux. Dans ces étranges vases allongés, parfois à tête d'animaux ou de dieux, les anciens Égyptiens conservaient les entrailles des momifiés. Encore une de leurs étranges manifestations du culte du cadavre. Heureusement que des millénaires se sont écoulés, sans quoi une odeur épouvantable se répandrait ici ! Trois canopes de petite taille sont remarquables par la précision de leur réalisation et il est étonnant qu'ils soient rassemblés, car ils n'ont rien d'autre en commun. Les vases mortuaires se terminent par des têtes sculptées de faucon surmontées d'un disque sur lequel s'accroche un cobra, d'une femme portant des cornes fines encadrant un disque solaire et d'un chacal. Cette fois encore, un losange sous leur base m'évoque le temple d'Amon. Je peux les emporter si je le souhaite, je peux alors cocher ces trois canopes dans les Trouvailles, p. 223).
De très nombreux vases occupent la pièce, qui ressemble plus, il faut bien l'avouer, à un magasin de porcelaine qu'à un musée. Certaines pièces

sont remarquables, comme ce gros récipient dont le col est surmonté de plusieurs éléphants d'argile qui se suivent ou comme ces vasques à provisions, très larges et entièrement décorées de symboles géométriques de couleur bleue. Je m'arrête devant un énorme vase à la forme étonnante. Large à la base, il se resserre pour monter en un long col cylindrique et se termine en un bourrelet d'argile épais. Il est peint de motifs floraux en blanc et noir, jusque sur les deux anses. Parmi les pièces de collection, le gobelet de Bès, le dieu du Foyer, se démarque nettement. C'est un godet appuyé sur une représentation de la divinité, principalement une tête et un corps rabougri. Le visage est peu avenant, plus proche du lion que de l'humain, même si les yeux et la bouche appartiennent nettement à un homme. Un cartel m'indique qu'il s'agit d'une divinité naine, très appréciée malgré son apparence rebutante. Je crois bien que je ne comprendrai jamais les Égyptiens…
Il m'est déjà difficile de comprendre parfois mes contemporains, me dis-je en voyant la lourde masse maladroitement rangée derrière une tenture. Une masse dans une collection de poteries !

Et pourquoi pas un éléphant dans un magasin de porcelaine ?! Ma foi, cet outil est malaisé à manier mais destructeur, je pourrais l'utiliser comme une arme à l'occasion. Pour emporter le lourd instrument guerrier improvisé, je le coche dans les Trouvailles, p. 225.
Je cherche consciencieusement l'endroit et, manifestement, la chance est avec moi. Au fond d'une jarre à l'anse particulièrement travaillée je mets la main sur une feuille de papier couverte de l'écriture de M. Zigler : « Il n'y a que le tout début de chacune des armes qui est véritablement utile au combat φ. » Merci pour cette leçon de guerre, M. Zigler, je suis certain que cela me sera totalement inutile dans votre musée. J'allais perdre espoir quand, au fond d'un banal pot en terre, mes doigts effleurent un objet froid et métallique. Je n'en crois pas mes yeux ! C'est le collier ! Il était tout simplement caché sur cette étagère, presque à la vue de tous ! Il est magnifique, je le déploie pour admirer son étonnante beauté.
Je jubile et esquisse quelques pas de danse. Je peux me rendre dans les Trouvailles (p. 224) pour cocher ce trésor si précieux.

Ma mission est remplie, je n'ai plus qu'à trouver un moyen de sortir d'ici ! Si je souhaite m'atteler à cette tâche, je me rends au chapitre « Le collier en main », p. 268. Si je souhaite continuer, je peux reprendre mon exploration et continuer à lire.
En sortant de la salle, j'admire d'un œil distrait le tour de potier primitif, les lampes, les cruches à vin ou à bière, les vases pour conserver la viande, les plats de service et beaucoup d'autres encore.

Il n'y a pas d'autre issue que les deux portes, je n'ai guère le choix.

---

**I** – Enfin, non, je devine une porte secrète sur le mur le plus proche. Ce n'est pas à proprement parler une porte mais une découpe de forme rectangulaire dans la pierre. Je pousse de toutes mes forces d'un côté, puis de l'autre et parviens à ébranler le battant. Le passage est en maçonnerie solide. C'est un long couloir qui mène dans les entrailles de la terre. J'hésite un instant, puis, mon esprit aventurier reprenant le dessus, je m'engage, forcé de me courber tant le plafond est bas. Au bout d'une longue marche, le couloir tourne à angle droit sur la gauche et devient voûté. Je peux me tenir un peu plus droit. La pente descendante continue et je me demande à quelle profondeur je peux déjà bien me trouver. Un nouveau virage à gauche s'offre à moi, mais l'état du souterrain est de plus en plus dégradé. Je foule de la terre battue, les pierres sont moussues et disjointes. Quelques racines ont même réussi à percer la maçonnerie. Une humidité glaciale stagne çà et là. Mes pieds s'enfoncent parfois dans des flaques d'eau stagnante douteuse. Encore un détour sur ma gauche. Décidément, cette exploration manque de surprise. Mais la surprise, je la trouve finalement à l'issue de mon parcours, quand je passe le carré de ténèbres qui termine mon périple. Je suis revenu au même endroit, dans la salle des poteries ! Déroutant ! J'ai mieux à faire que de perdre mon temps dans les souterrains, j'ai un musée à visiter et un collier à trouver !

**II** – Le cadenas ne s'ouvre pas.

**III** – La solution est effectivement la simple lettre E que j'ai dessinée en longeant les vitrines de la salle n° 11. Je tourne les trois premières molettes sur un espace vide et la dernière sur le E et le cadenas s'ouvre sans un bruit. Je peux lire la description de la pièce sans restriction.

## 16. L'OBÉLISQUE

La porte en pierre ne montre aucun mécanisme de fermeture, mais elle est pourtant bel et bien verrouillée. L'encadrement du battant est particulièrement ornementé et coloré. Le sculpteur a représenté une frise géométrique composée de losanges peints en blanc, ocre, marron, rouge, violet, noir, gris, jaune vert et bleu.
**Je ne peux poursuivre ma lecture que si je parviens à trouver le moyen d'entrer et que le texte m'invite explicitement à continuer au-delà de ce point.**

Cette salle a une forme bizarre, sans doute a-t-elle été reconvertie par l'architecte à partir d'un couloir, peut-être en ouvrant une salle qui se trouvait dans l'angle. Pour faire oublier cet espace dégagé mais biscornu, M. Zigler se devait de placer quelque chose d'excitant. Il a choisi un obélisque couché. L'énorme monument mesure dans les huit mètres de long, de la base au pyramidion doré.

Nul ne sait si ce doigt de pierre dirigé vers le ciel servait à évoquer la fertilité, l'ascension de l'âme ou à apostropher les dieux. Le cartel m'indique que, d'après la légende, Atoun-Ré se serait manifesté sous la forme d'un rayon de lumière et que l'obélisque serait un hommage pour se remémorer son apparition. Amusant, je n'avais jamais eu vent de cette hypothèse auparavant.

Trois colonnes de hiéroglyphes ornent chaque face visible. Les gravures restent bien lisibles malgré l'usure et les éclats.

Le long des pans de mur – très nombreux au regard de la forme de la salle – sont exposées des plaques issues du temple où se trouvait l'obélisque. D'après les indications, la construction était dans un tel état que seuls ces quelques murs et fragments ont pu être conservés. Les

morceaux les plus gros sont posés à même le carrelage blanc, les plus petits sont intégrés à la maçonnerie à un mètre du sol, afin de les hisser à hauteur de regard. Tous ces éléments portent des hiéroglyphes et des silhouettes gravées de prêtres, de pharaons ou de soldats portant des bâtons φ. Et cela fait beaucoup, la salle semble surchargée de textes et de dessins incompréhensibles.
Une maquette de bois montre à quoi pouvait bien ressembler le temple complet, mais le sculpteur manquait d'imagination et d'originalité.
Cette salle est probablement la plus importante d'un point de vue circulation, c'est un véritable carrefour avec ses quatre portes ! La première mène vers le grand hall que j'ai déjà exploré, la deuxième vers les poteries, une troisième donne vers la chambre acoustique et la dernière vers la salle des hiéroglyphes. Chacune est ornée d'un plan des lieux, mais aucune annotation cette fois.

---

**I** – Un faisceau de lumière électrique perce soudain les ténèbres. Une voix autoritaire m'interpelle : *« Qui va là ? »* Je me rends compte qu'un garde vient d'entrer et que je n'ai pas été particulièrement prudent. Alors que je m'efforçais de réduire le bruit de mes déplacements au maximum au début de la nuit, la lassitude a eu raison de mes efforts. Et c'est sans même parler de ma lanterne, dont la lumière est sans doute visible d'une autre pièce, simplement, car les rayons passent sous la porte. L'homme en uniforme sombre tient une matraque de bois dans la main. Par chance, il n'a pas encore dégainé le pistolet qui pend à sa ceinture et je ne vais pas lui laisser le temps de se rendre compte de son erreur. Je me jette sur lui sans prévenir, mon arme levée pour un assaut dévastateur. Je suis surpris quand il parvient à esquiver l'attaque et riposte sans perdre de temps d'un coup de poing dans les côtes. J'en perds le souffle et comprends que cet adversaire sait très bien se battre. Je vais devoir faire appel à toutes mes ressources de combattant pour le vaincre. Pour poursuivre le combat, je me rends dans les annexes, au chapitre « Combats », p. 248.

**II** – J'ai beau essayer de triturer chaque losange, je ne parviens à rien. Impossible d'entrer dans cette salle !

**III** – La porte ne s'ouvre pas, la chance n'est pas avec moi.

## 17. CHAMBRE ACOUSTIQUE

La porte est verrouillée par huit serrures à clé. Une première inspection me montre que les formes de clés sont probablement toutes identiques, étonnant. Si je comprends bien, ce n'est pas seulement la clé que je dois trouver, cette fois, mais également dans quel loquet je dois la faire tourner. Les verrous sont tous identifiés par une représentation de dieu, de haut en bas se trouvent : Osiris, Horus, Set, Hathor, Sobek, Isis, Amon, Thoth. J'imagine qu'essayer d'actionner le mauvais mécanisme n'ouvrira pas la porte et pourrait même activer je ne sais quel piège...
**Je ne peux poursuivre ma lecture que si je parviens à trouver la clé et la bonne serrure et que le texte m'invite explicitement à continuer au-delà de ce point.**

C'est très certainement la salle la plus étrange de toute ma visite jusqu'à maintenant. Elle est totalement vide et a été construite de manière à imiter l'effet de la chambre acoustique de la pyramide rouge de Dahchour. Le plafond est très haut, sans doute le plus haut de tout le musée et les murs

de gauche et de droite partent en biais pour se rejoindre au sommet. Les pentes sont à degrés et je compte treize blocs de pierre décalés.
Je ne devrais pas, mais je ne peux m'empêcher de lancer quelques mots pour ressentir l'effet acoustique désiré par le bâtisseur d'un autre âge.
*« Ce cambriolage me semble très périlleux ! »*
Je m'enorgueillis de posséder une voix de baryton posée et mélodieuse. Quel n'est pas mon étonnement d'entendre ma voix déformée dans les aigus ! Et l'étrange écho porte durant de longues secondes. Je compte au moins cinq répétitions parfaitement audibles avant que le son se perde. Et je jurerais que le volume en a été augmenté. La peur d'être découvert par quelque garde me saisit et je laisse là toute interrogation d'ordre architectural et phonatoire pour tendre l'oreille. Prudence est mère de sûreté, dit-on, et j'ai toujours suivi cet adage pour toutes mes aventures, je ne devrais pas changer d'habitude, surtout dans cet endroit où ma vie est peut-être en jeu.

---

**I** – Le son ne disparaît pas totalement et l'écho perdure un temps. « Trépérilleux » est la seule partie de la phrase répétée. Au bout d'une dizaine de radotages, la chambre acoustique la déforme en « hyper-vieux » puis finalement en « pluvieux ». Je trouve cette distorsion des mots étonnante. Oubliant toute prudence j'essaie un *« Arsène Lupin ! »*. Comme la première fois, il ne faut pas plus d'une dizaine de répétitions pour transformer mon cri. Mais un malaise s'installe en moi quand le sens devient clair et que le volume grimpe au point de devenir assourdissant sur un *« Arrière rupin ! »* tonitruant. Alarmé tant par le risque d'être repéré tant le dernier cri était puissant que par l'intelligence qui semble se cacher derrière l'écho de cette salle, je décide d'un repli. Nul besoin de tenter le diable plus longtemps. La porte émet un « clac » quand elle frappe sur la butée et, très vite, la chambre me renvoie un *« traître »* qui me fait frissonner, sans que je sache vraiment pourquoi. Je n'aime pas cette pièce.

**II** – Je tente la deuxième serrure en partant du bas, soit Horus. La clé tourne facilement et la serrure émet un déclic. Mais ce n'est pas un bruit d'ouverture, c'est un mécanisme à ressort vicieux, une pointe d'acier sort du fermoir et vient me piquer méchamment le dos de la main. Je porte la blessure à mes lèvres pour atténuer la douleur et découvre un goût amer. J'ai été empoisonné ! Au bout de quelques instants d'angoisse, je ne constate pas d'effet. Je ne sais quelles étaient les conséquences de l'administration de ce produit, mais il n'opère manifestement pas sur moi. J'emballe la main meurtrie dans un mouchoir de soie et je me reconcentre sur cette porte. Dorénavant, si je peux accéder à tout le descriptif d'une pièce, je continuerai ma lecture immédiatement avec l'option I (et seulement l'option I). Cet effet ne se dissipera pas avant la fin de mon exploration du musée et sera applicable pour absolument toutes les salles de cette partie 1.

**III** – L'anse de la clé dessine un O et, si j'en crois l'indice en salle 13, les intrus ne commencent pas par cette lettre. Tout semble lié aux noms des vitrines, quand j'élimine ceux ne commençant pas par la lettre O, il ne me reste qu'Oser et Osiris. J'ose. La clé tourne sans frottement et la serrure émet un déclic plutôt encourageant. La porte s'ouvre facilement et aucun piège ne se déclenche, ouf. Je peux lire la description de la pièce sans restriction.

## 18. SALLE DES HIÉROGLYPHES 9

La très jolie porte en bois est blindée de manière subtile mais tout à fait impénétrable. D'autant plus qu'aucune serrure n'est visible. Je cherche attentivement autour de moi et remarque que cinq jarres identiques, alignées contre le mur, sont posées sur des dalles mobiles. Chacune porte un symbole

identique, de deux armes entrecroisées. Je dois probablement en vider une, mais laquelle ? Elles contiennent chacune un produit différent : de l'eau, des petits cailloux, du vin, du sable et du grain.
**Je ne peux poursuivre ma lecture que si je parviens à trouver le moyen d'entrer et que le texte m'invite explicitement à continuer au-delà de ce point.**

Après un hommage aux scribes, voici un hommage à leurs écrits. Toute une pièce emplie de tous les supports possibles pour les hiéroglyphes. Les papyrus sont étonnamment nombreux, j'imagine qu'une grande partie des rouleaux exposés dans les vitrines sont des faux. De mémoire, on n'en a jamais trouvé de plus vieux que trois mille ans et ils étaient presque toujours en morceaux. Si je veux bien reconnaître l'authenticité de cette feuille qui a été reconstituée et les morceaux manquants complétés, je ne regarde même pas de près les rouleaux en parfait état.
Les pierres gravées, pans de mur, stèles, socles de statuettes sont nombreux, et pour cause, c'est le support qui résiste le mieux. De nombreuses poteries ont été importées de la salle éponyme

pour leur donner une place ici. Les vases sont couverts de signes, même les bouchons sont marqués d'idéogrammes.

De rares sculptures directement en forme de hiéroglyphes sont mises en avant. Il s'agit le plus souvent de silhouettes de dieux plus que de signes, reconnaissons-le.

Des murs peints, sans doute tirés de quelque tombeau, montrent une autre facette de l'écriture égyptienne. Les personnages, les dieux et les figures répétés à la manière de frises sont nombreux.

Un panneau propose une liste d'informations méconnues sur les scribes, telles que :

☞ Les scribes étaient au service autant du pharaon que du peuple.

☞ Les Égyptiens adoraient plus d'une centaine de dieux, le saviez-vous ?

☞ Les Égyptiens connaissaient les nombres premiers, les connaissez-vous ?

Les hiéroglyphes touchent à tous les domaines de la vie de l'époque. Des inscriptions sur des tablettes de pierre recensent les réserves de nourriture des greniers royaux, d'autres gravées dans un pyramidion décrivent une grande victoire militaire, alors que celles qui sont peintes expliquent comment l'âme peut traverser les vicissitudes de l'après-vie. Sur un tombeau, elles protègent le défunt, sur un mur, elles informent de la fonction du bâtiment. Les hiéroglyphes des Égyptiens étaient aussi polyvalents que nos écritures modernes !
De nombreuses traductions ponctuent la visite, une seule me semble erronée : « *Même un excellent faussaire peut se tromper, son oubli est la réponse* $\pi$. »
La salle possède deux accès, un qui mène vers l'obélisque et l'autre vers les véhicules, mon choix est simple.

---

**I** – Ma lanterne est soufflée d'un coup et je me retrouve dans de profondes ténèbres. Une voix impérieuse résonne venue d'en haut.

« *Arsène, que fais-tu ici ?* »

Comme je ne réponds pas, la voix me questionne à nouveau.

*« Arsène, que fais-tu ici ? »*
Je formule une réponse timide : *« Qui va là ? Que me voulez-vous ? »*
À ma grande surprise, la voix me répond : *« Arsène, à qui parles-tu donc ? »*
Ma lanterne se rallume et je constate que je suis bel et bien seul au milieu des hiéroglyphes. Encore un peu ébranlé par cette étrange expérience, je quitte la place non sans de nombreux regards en arrière.

**II** – Je vide la jarre et répands le vin, qui forme une grande flaque sombre. Un mécanisme se déclenche lors de la disparition du poids du récipient sur la dalle. Ce n'est pas l'ouverture de la porte toutefois, mais un piège ! Je reçois une poudre en plein visage. Je perds le souffle quelques instants, mais récupère rapidement. Dorénavant, si je peux accéder à tout le descriptif d'une pièce, je continuerai ma lecture immédiatement avec l'option I (et seulement l'option I). Cet effet ne se dissipera pas avant la fin de mon exploration du musée et sera applicable pour absolument toutes les salles de cette partie 1.

**III** – Je gâche tout ce blé et vide la jarre. Et pour rien en plus, car la porte ne s'ouvre pas.

## 19. SALLE DES VÉHICULES ⊢

La porte est verrouillée par un simple cadenas numérique à quatre chiffres. J'ai beau le manipuler dans tous les sens, je ne parviens ni à le crocheter ni à le forcer, me voici forcé de trouver la combinaison. Le seul détail amusant est la marque du système de sécurité : PASSION.
**Je ne peux poursuivre ma lecture que si je parviens à trouver le code et que le texte m'invite explicitement à continuer au-delà de ce point.**

Les arches de cette salle gigantesque sont massives et impressionnantes. Elles soutiennent un plafond très haut, indispensable pour faire tenir certains des joyaux de cette collection.
Les Égyptiens utilisaient le Nil comme axe central de leur puissance et les bateaux avaient une place capitale dans la vie quotidienne. La barque présentée occupe presque toute la salle et écrase les autres véhicules. Il s'agit d'un navire de bois long de plus de quarante mètres, fin et élégant. Une douzaine de grands avirons étaient manœuvrés par des rameurs debout. La proue du bateau est verticale et s'évase dans sa partie haute, rappelant

les colonnes à feuilles de palmier. La poupe est plus simple et plus large, pour accueillir le serviteur à la barre. La seule construction du pont est un long bâtiment assez bas de plafond. Seule la structure est encore visible, le toit fait de feuilles de palmier, de tentures ou de nattes végétales a disparu depuis longtemps.

Une pagaie de belle taille m'arrête. Cela ferait une arme ma foi bien efficace, encombrante mais efficace. Si je souhaite emporter l'aviron de bois, je le coche dans les Trouvailles, p. 225.

Il s'agit d'un navire d'apparat, ce qui explique sa ligne racée et sa taille, mais les inscriptions m'indiquent que des navires bien plus grands, chargés de blocs de pierre, descendaient le fleuve pour transporter des matériaux de construction sur des distances considérables. Ils utilisaient d'étranges ancres recourbées qui pourraient me servir de grappin. Si je souhaite emporter ce grappin, je le coche dans les Trouvailles, p. 225.

Au pied de la magnifique embarcation, de nombreux chars à chevaux révèlent toute la puissance militaire de l'Égypte. Ce sont des véhicules légers sur deux roues à rayons, pourvus d'un timon pour l'attelage des deux chevaux. La caisse est

en bois de frêne et peut être revêtue de cuir brut ou décorée de motifs polychromes estampés. Doré, le char est le moyen de transport réservé au pharaon. Plus large, il sert autant à de hauts dignitaires qu'à la poste royale.
Une porte ouvre sur la salle des hiéroglyphes, alors qu'un passage monumental, encadré de deux sphinx, mène à la fameuse pyramide. Sur le plan des lieux au mur, c'est bien entendu le nombre 19 qui est entouré.

---

**I** – Je remarque que de grands yeux me fixent d'un coin sombre. La forme se découpe et un chat noir magnifique vient trottiner vers moi en ronronnant. J'ai toujours aimé les félins, souvent bien plus agréables que beaucoup de mes contemporains. L'animal traverse la salle nonchalamment, comme seuls les membres de son espèce savent le faire, s'arrêtant ici pour renifler et là pour faire un brin de toilette. Lorsqu'il n'est plus qu'à quelques mètres de moi, son attitude change du tout au tout. Le poil dressé, les babines retroussées laissant voir des dents menaçantes, il se met à feuler vers moi en s'approchant de côté. Je ne comprends pas pourquoi il se montre si agressif et (bêtement, je le reconnais) je tends la main vers lui pour le rassurer. Il se jette sur moi instantanément et s'agrippe à ma jambe en poussant un grognement issu tout droit de l'enfer. Un chat en colère est une menace suffisante pour occuper un homme de bonne constitution et j'ai déjà eu affaire à certains félins aussi territoriaux que n'importe quel chien, lors de mes incursions nocturnes. Mais celui-ci est un vrai démon qui en veut à ma vie. Ses griffes pénètrent ma chair et il se hisse vers ma gorge. Je le repousse violemment et me prépare au combat. Pour affronter le chat du musée, je me rends dans les annexes, au chapitre « Combats », p. 248.

**II** – Je fais tourner précautionneusement les roues dentées pour afficher le nombre 0325, c'est presque trop évident pour que ce soit ça. Eh bien justement, ce n'est pas le bon code, car le cadenas ne s'ouvre pas...

**III** – En relisant l'article de journal sur M. Zigler, je recopie les chiffres de ses passions un par un et c'est bien cela, le cadenas se déverrouille et la porte s'ouvre. Je peux à présent lire la totalité du texte de cette salle.

## 20. LA VISITE DE LA PYRAMIDE

La gigantesque entrée est particulièrement impressionnante et la double porte s'élève à plus de cinq mètres de haut. Chaque battant a

probablement nécessité un arbre entier ! Je suis persuadé qu'elle est verrouillée, mais ce n'est pas le cas. L'artisan qui a construit ce passage magistral a même réussi à équilibrer parfaitement les vantaux et je n'ai pas à faire le moindre effort pour ouvrir. La porte s'ouvre silencieusement et la pyramide apparaît dans toute sa splendeur. C'est une reconstitution de moins de vingt mètres de côté, contenue dans une salle majestueuse, mais cela reste très impressionnant. Des tonnes et des tonnes de pierres ont été amassées pour reproduire l'apparence actuelle des pyramides dont le parement a été érodé par le temps ou subtilisé par les constructeurs peu scrupuleux. Une ouverture béante droit devant moi permet de continuer la visite, un panneau racoleur invite à explorer le labyrinthe pour retrouver le trésor du pharaon. Je vais être un peu plus curieux que ça.
J'escalade la construction massive dans le but de trouver une autre issue. Même du sommet du monument, l'entreprise est difficile et hasardeuse, car ma lanterne ne porte pas à plus de quelques mètres. Dans ce chaos de roches taillées, les ombres se comptent par milliers et dissimulent tout passage potentiel. J'arpente l'édifice de long

en large sans rien trouver. Je m'aventure donc avec regret dans l'antre de M. Zigler...

Je n'arrive pas à y croire ! Je me suis fait avoir une deuxième fois !

Je n'avais pas fait trois pas dans le couloir qu'un mécanisme de blocage s'est déclenché et me voici coincé. Le pan de mur qui s'est abattu juste derrière moi a obstrué totalement le couloir, je ne pourrais jamais le soulever, il doit peser des tonnes ! Je ne peux plus faire demi-tour, me voici contraint d'aller de l'avant. Pourvu que je n'aie pas manqué le collier plus tôt dans le musée, car je ne pourrai pas revenir.

Ma lanterne dévoile un couloir de maçonnerie ancienne (ou fait pour y ressembler). Il est en pente douce et descend dans les ténèbres. Je comprends à présent pourquoi cette partie du musée a fait tant d'effet sur les visiteurs triés sur le volet : M. Zigler a reconstitué les méandres d'une pyramide de la manière la plus authentique possible. La faible humidité, le froid, l'étrange écho et la rumeur d'un vent venue on ne sait d'où m'impressionnent suffisamment. Je n'ai aucun mal à m'imaginer sous des centaines de tonnes de pierre et non dans un musée en pleine ville.

Par contre, les visiteurs peuvent aller et venir et sortir de là quand bon leur semble. Pour ma part, je n'ai aucune chance de m'en sortir s'il n'existe pas d'autre issue.
Pour explorer la pyramide, je me rends à la partie qui suit, « Dans le ventre de la pyramide », p. 125.

---

**I** – La pyramide est gigantesque, le soleil écrasant et le vent charrie un sable brûlant et agressif. Il est temps de se mettre à l'abri à l'ombre des vieilles pierres.

**II** – La porte reste fermée.

**III** – Impossible d'ouvrir.

# PARTIE 2
# Dans le ventre de la pyramide

Pour choisir ma destination dans la pyramide, j'utilise des combinaisons de symboles, comme pour résoudre les énigmes. Les quatre directions possibles sont :

| | |
|---|---|
| Aller vers le nord |  |
| Aller vers le sud |  |
| Grimper |  |
| Descendre |  |

Pour choisir ma direction, j'associe le symbole du lieu où je me trouve à une direction et je me rends dans les annexes aux « Combinaisons pour explorer le ventre de la pyramide », p. 224.

# I. L'ENTRÉE

La pyramide est orientée selon les points cardinaux, d'après ma boussole. La porte se trouve sur la façade sud, à trois bons mètres du sol. Avec l'aide de mon outil comme guide, je devrais pouvoir me débrouiller dans ce labyrinthe, vanté par tant et tant de visiteurs illustres. Je pénètre précautionneusement dans l'édifice et découvre un long couloir de section carrée qui descend doucement vers le nord. J'ignore totalement de quoi la construction est faite, car les murs sont parés de blocs de granit à l'intérieur comme à l'extérieur afin de plonger l'explorateur en pleine Égypte. M. Zigler est même allé plus loin et c'est dans ce projet qu'il a mis tout son cœur (et sans doute une bonne partie de sa fortune), car le couloir est loin d'être lisse et sobre. Le plafond est composé d'énormes blocs ou dalles de pierre, je ne saurais dire, qui ne sont pas toujours de même niveau et sont parfois décalés de plusieurs dizaines de centimètres les uns par rapport aux autres. Cela force le visiteur à se baisser souvent et à constamment être sur le qui-vive pour éviter de percuter un relief.
Pour augmenter la difficulté de progression, le sol a reçu le même traitement et je ne parviens pas à faire

plus de quelques mètres sans avoir une marche à monter ou descendre. Ce sont des degrés traîtres, car ils sont plongés dans les ombres que la lumière de ma lanterne crée à profusion.
C'est d'ailleurs en surveillant mes pas que j'évite un trou béant. Il n'est pas très profond, pas plus haut qu'un adulte, comme si un bloc manquait, mais c'est probablement le meilleur moyen de se rompre le cou. Je contourne le dénivelé précautionneusement et continue ma descente. Les parois ne sont pas épargnées par la volonté d'authenticité et montrent des reliefs inexplicables. Le passage, sans aucune raison visible, est rétréci à ma droite par une suite de blocs monstrueux, qui ensuite sont alignés aussi loin que la lumière porte. Un peu plus loin, sur ma gauche, un pilier carré soutient une roche du plafond qui réduit encore le boyau jusqu'à une étroitesse ridicule. Je passe de biais en me disant que certains messieurs rondouillards de la haute société venus visiter l'endroit ont dû perdre quelques boutons de gilet dans l'entreprise. La colonne est incroyablement réaliste et un rehaussement fait d'un autre bloc lui permet de venir appuyer plus largement sur le plafond. Plus je progresse et

plus je suis persuadé que la pyramide a en fait été construite avec les techniques de l'époque, sans faire appel aux connaissances modernes. Ce serait bien le genre du propriétaire !
La température baisse régulièrement et les sons deviennent mats. Je me dis que je n'aimerais pas croiser un garde dans ces méandres : je n'ai pas vraiment de lieu où fuir et il m'est impossible d'être vraiment discret sur ce sol inégal.
Au bout de quelques instants de marche maladroite sur des pierres à peine dégrossies, je parviens à une étrange intersection. Au-dessus de moi, le couloir sud grimpe abruptement. Devant moi, un couloir fort identique au premier continue vers le nord. Je pourrais éventuellement faire demi-tour également. Me voilà devant un choix important.

---

**I** – Je me rends en salle 20.

**II** – Je me rends en 2.

**III** – Je me rends en 3.

## 2. LE PASSAGE

C'est une pente abrupte mais facile à escalader, qui continue en un couloir horizontal vers le nord. À certains endroits de ce passage, afin d'évoquer l'ambiance de travail des archéologues, des mises en scène sobres ponctuent la visite. Ainsi, une fosse sans issue barre le couloir et un pont de planches rapidement assemblées permet de la traverser. Avec cette passerelle, le directeur essaie de faire prendre conscience de la dangerosité des conditions dans lesquelles les aventuriers explorent les trésors d'autrefois. Heureusement pour les visiteurs richissimes, la structure en bois est fermement ancrée pour éviter une chute. Des cordes usées, mais toujours solides, servent de main courante et rassurent les plus maladroits. Des outils de prospection fatigués sont disséminés autour du site de fouille.

Un peu plus loin, plusieurs possibilités s'offrent à moi. Le couloir se poursuit horizontalement vers le nord, j'ignore jusqu'où il peut bien aller. Un long goulet rectangulaire assez étroit s'ouvre dans le sol, muni d'une échelle. Je peux aussi retourner vers le passage sud.

---

**I** – Je me rends en 1.

**II** – Je me rends en 4.

**III** – Je me rends en 5.

## 3. LE COULOIR

Ce long passage carré poursuit le couloir de l'entrée et descend doucement et régulièrement vers le nord. À la moitié de sa longueur, le plafond bas cède la place à une imposante hauteur. Les roches taillées s'empilent en murs verticaux jusqu'à près de quatre mètres de haut. Des attaches métalliques ont été plantées régulièrement pour soutenir un câble électrique qui alimente des ampoules. Tout est malheureusement plongé dans le noir actuellement et je ne peux profiter de la perspective qu'un éclairage intense doit donner à contempler. Vers le sud, le long boyau amène vers la sortie, alors que vers le nord, il croise une ouverture étroite qui grimpe verticalement au-dessus de ma tête. Une corde à nœuds permet de se hisser sans trop de difficulté. Plus loin au nord, le couloir continue de s'enfoncer dans les ténèbres.

---

**I** – Je me rends en 1.

**II** – Je me rends en 7.

**III** – Je me rends en 8.

## 4. LE CONDUIT

Le conduit se poursuit horizontalement, il est orienté nord-sud. En pente abrupte vers le nord, il serait impraticable si les anciens Égyptiens n'avaient sculpté des marches à même les blocs de granit. Que dis-je, les anciens Égyptiens ? Je me laisse berner ! Cette pyramide n'est pas âgée de plus d'une vingtaine d'années, quand les travaux du musée ont commencé. Le passage continue vers le nord jusqu'à une grande salle et, dans l'autre sens, ramène à l'une des intersections de l'entrée.

---

**I** – Je me rends en 2.

**II** – Je me rends en 20.

**III** – Ça ne rime à rien.

## 5. L'ÉCHELLE

L'échelle est rustique, faite de planches à peine dégrossies et les échardes me meurtrissent les mains alors que je descends vers l'inconnu. À peine ai-je parcouru trois mètres que mes pieds rencontrent le vide ! Je ne peux pas donner de la lumière, ma lanterne est fermement coincée entre mes dents. Ce n'est pas élégant, mais c'est efficace et cela libère les mains. Je n'ose pas non plus risquer tout mon poids sur une seule main, de peur que le barreau cède. Je ne sais vraiment pas comment faire quand, tout à coup, un petit caillou se décroche de la paroi sous mes yeux et tombe. Il vient frapper le sol, sans doute moins de deux mètres sous moi. Rassuré, je me laisse choir. Je peux attraper l'échelle immédiatement et sans difficulté si je souhaite remonter.

---

**I** – Je me rends en 19.

**II** – Je me rends en 2.

**III** – Ça ne rime à rien.

## 6. UN PUITS

En arrivant du sud et de la salle 20, je suis obligé de descendre dans un puits vertical haut de plusieurs mètres. Il n'est pas très large et je devrais pouvoir le parcourir en collant mon dos à la paroi et en appuyant mes pieds contre l'autre mur. Ce serait une longue descente qui ruinerait mon costume. Heureusement, M. Zigler, ayant pitié de ses visiteurs les moins dégourdis, a prévu des encoches dans les pierres. Le moins que l'on puisse dire, c'est que c'est tout de même un peu acrobatique et que je doute que beaucoup de grandes dames et de grands messieurs s'aventurent plus loin. Serais-je sur la bonne piste ?
Je débouche alors dans un long passage horizontal nord-sud d'une forme étonnante. Ici, les pierres ont à peine été dégrossies et j'ai plus l'impression de progresser dans une grotte construite avec des rochers bruts que dans une bâtisse. Très vite, je croise un nouveau puits vertical au-dessus de ma tête. Il est totalement impraticable et semble grimper sur une dizaine de mètres au moins. La grotte continue encore vers le nord avec, grâce au ciel, un sol relativement plat !

**I** – Je me rends en 20.

**II** – Je me rends en 15.

**III** – Je me rends en 16.

## 7. LE LONG DE LA CORDE

Grâce à la corde à nœuds, je peux assez facilement visiter ce passage vertical. Vers le haut, il mène à une salle. Vers le bas, il ouvre sur un couloir horizontal orienté nord-sud.

**I** – Je me rends en 19.

**II** – Je me rends en 8.

**III** – Cul de sac !

## 8. L'ALLÉE RECTANGULAIRE

Ce couloir de forme rectangulaire est très haut de plafond et les pierres sont particulièrement bien ajustées. Il grimpe en pente douce vers le sud et rejoint le grand couloir qui mène à l'entrée de la pyramide. De ce côté, une ouverture verticale grimpe tout droit, une corde à nœuds donne l'opportunité à tous d'aller voir ce qui se trouve là-haut. Vers le nord, le passage donne sur une salle compliquée et l'ouverture se trouve à deux bons mètres du sol. Heureusement, un petit escalier de chantier permet de circuler sans encombre.

---

**I** – Je me rends en 19.

**II** – Je me rends en 23.

**III** – Je me rends en 3.

## 9. LE LONG GOULET

Cet étroit passage donne, au sud, dans une salle complexe par sa forme et par les nombreux couloirs qui y parviennent. Orienté nord-sud, le boyau ne fait pas plus d'un mètre de côté et force à se pencher tout le long de la lente progression vers le sud, sur des dizaines de mètres. En poussant dans cette direction, je me rends compte que le labyrinthe est principalement souterrain et doit largement déborder de la pyramide pour courir sous une partie des autres salles du musée.

---

**I** – Je me rends en 23.

**II** – Je me rends en 28.

**III** – Mauvaise piste !

## 10. LE PETIT PUITS

Je peux aisément escalader pour descendre ou monter dans ce puits vertical qui ne s'étend que sur deux mètres de haut. Je pourrais sauter, naturellement, mais j'ai peur que la pierre soit glissante et je n'ai surtout pas besoin d'une cheville foulée à ce stade de mon cambriolage ! Une fois en bas, je me trouve à l'extrémité sud d'un couloir horizontal de forme triangulaire surprenant, qui s'enfonce vers le nord jusqu'à une salle sombre.

---

**I** – Je me rends en 24.

**II** – Je me rends en 13.

**III** – Mauvais choix !

## II. LE COURT PASSAGE

Je pénètre dans un petit couloir carré assez haut de plafond qui ne doit pas mesurer plus de trois mètres de long, orienté nord-sud. Au sud, il donne sur une salle complexe. À l'opposé, une porte permet de continuer plus au nord, alors qu'un escalier composé de blocs de bonne taille permet de grimper sur l'énorme pierre qui sert de linteau. Juste au-dessus se trouve une ouverture carrée menant à un puits vertical grimpant sur quelques mètres. Cet endroit est étonnamment compliqué au regard de sa petite taille, je suppose qu'il a été transformé après coup, pour rajouter l'un des accès. Peut-être s'agit-il de la porte, dans ce cas, il est probable qu'elle ne mène à aucun endroit vraiment intéressant.

---

**I** – Je me rends en 23.

**II** – Je me rends en 13.

**III** – Je me rends en 12.

## 12. UN PUITS VERTICAL

Le passage vertical est quasiment impraticable. La maçonnerie est très bien jointée, le puits trop large pour pouvoir grimper en m'appuyant sur les jambes et le dos... Je suis prêt à abandonner quand je remarque un détail intéressant sur le câble électrique qui doit fournir en énergie ce qui se trouve au sommet de la cheminée. Les attaches du fil sont des pitons en acier assez épais pour supporter mon poids. Je teste longuement leur solidité, je n'aimerais pas chuter de toute cette hauteur !
La progression est exténuante et lente mais possible. Je suis épuisé en arrivant au bout.

---

**I** – Je me rends en 21.

**II** – Je me rends en 11.

**III** – Fausse piste !

## 13. LE LARGE PASSAGE

C'est un large couloir horizontal qui s'ouvre devant moi. Quatre hommes pourraient passer de front. À certains endroits, des piliers de pierre soutiennent même les énormes blocs taillés. Ils ont une forme étrangement moderne, une section carrée et une silhouette qui part en s'évasant vers le sol et vers le plafond. Plusieurs encoches creusées doivent permettre de placer de futurs équipements, de l'éclairage électrique, je suppose. Les murs verticaux sont composés de pierres grossièrement sculptées à la surface martelée de coups de ciseau. J'avoue être surpris, j'aurais imaginé que tout l'intérieur d'une pyramide bénéficiait de la même qualité de finition, mais cela n'est apparemment pas le cas. Les anciens Égyptiens souffraient-ils de coupes budgétaires à mi-chantier ?

Vers le sud, le couloir se termine par un encadrement de porte et se poursuit au-delà. Vers le nord, après une escalade compliquée d'un dénivelé aussi haut que moi, s'ouvre une petite salle.

---

**I** – Je me rends en 25.

**II** – Je me rends en 11.

**III** – Ça ne mène nulle part…

## 14. UN COULOIR ET UN PUITS

En venant du sud et de la salle 25 c'est un couloir qui avance horizontalement vers le nord et se termine par une ouverture verticale vers le haut. Il n'y a pas grand-chose d'intéressant par ici. Je peux apercevoir une ouverture qui s'enfonce vers le nord à mi-hauteur du puits et une autre si je m'acharne à grimper tout en haut. Des emplacements pour les mains et les pieds ont été taillés dans la pierre et me permettent de grimper facilement.

---

**I** – Je me rends en 16.

**II** – Je me rends en 17.

**III** – Je me rends en 25.

## 15. LE PUITS IMPRATICABLE

Je ne parviens pas du tout à m'agripper aux pierres sans outil... Je peux toujours choisir entre les deux couloirs horizontaux, le premier vers le nord ou le second vers le sud.

---

**I** – Je me rends en 16.

**II** – Je me rends en 6.

**III** – Je me rends en 23.

## 16. LE LONG TUNNEL

Le long tunnel horizontal est fait d'un assemblage de pierres très peu taillées, évoquant plus une caverne qu'un bâtiment. Le passage est orienté nord-sud. Vers le sud, le couloir se poursuit aussi loin que porte ma lanterne. De l'autre côté, le tunnel se termine par un petit puits vertical qui descend vers les ténèbres. À mi-hauteur, je remarque une petite ouverture qui s'enfonce horizontalement vers le nord.

---

**I** – Je me rends en 17.

**II** – Je me rends en 16.

**III** – Je me rends en 14.

## 17. UN TOUT PETIT BOYAU

C'est un tout petit passage au sol inégal que je dois emprunter à quatre pattes. Je tente de protéger mon costume par tous les moyens. Que deviendrait un gentleman cambrioleur s'il ne portait plus que des haillons ? Le boyau horizontal donne, au sud, sur un puits vertical. De là, je peux grimper ou descendre. Au nord, il s'ouvre sur une petite salle.

---

**I** – Je me rends en 26.

**II** – Je me rends en 16.

**III** – Je me rends en 14.

## 18. UN TOUT PETIT COULOIR

Un nouveau couloir riquiqui. Je traîne dans la poussière en rampant sur les genoux sur quelques mètres et j'avoue ne pas aimer cela. À chaque extrémité, le corridor donne sur une salle.

---

**I** – Je me rends en 27.

**II** – Je me rends en 26.

**III** – J'ai dû me tromper.

## 19. LA SALLE AUX HIÉROGLYPHES

Le puits m'amène dans une salle aux murs entièrement recouverts de hiéroglyphes sur fond de badigeon blanc. Les silhouettes représentées dépassent largement les idéogrammes. La couleur dominante est celle de la peau marron des serviteurs de pharaon, abondamment peints. L'artiste n'a pas ménagé ses efforts pour vieillir son œuvre et des pans entiers d'inscriptions sont rendus illisibles, comme si une infiltration d'eau avait rongé la pierre pendant des millénaires. Tout est passé, usé par le temps. C'est un beau travail ! Le plafond n'a pas été traité et reste en pierre brute. Une échelle fixée dans le mur d'un puits au-dessus de ma tête pend dans le vide et m'invite à grimper. À mes pieds s'ouvre un trou équipé d'une corde, il mène un peu plus profondément dans le ventre de la pyramide.

---

**I** – Je me rends en 5.

**II** – Je me rends en 7.

**III** – Fausse piste.

## 20. LA SALLE VIDE

Le passage s'ouvre tout à coup sur une vaste salle, totalement vide. La forme de la salle rappelle la silhouette d'une maison dessinée par un enfant. Étrange, nul besoin d'un toit en pente dans une pyramide ! Les blocs de pierre sont assemblés avec un soin minutieux et tous de même taille, ce qui est une première. Je devine que cette salle était pressentie pour accueillir le trésor du pharaon, mais était probablement trop facile à atteindre. Les deux issues sont bien différentes. Au sud, une porte en triangle à degrés ramène vers l'entrée. Au sol, une ouverture carrée permet de redescendre vers je ne sais quel mystère.

**I** – Je me rends en 6.

**II** – Je me rends en 4.

**III** – Mauvais choix...

## 21. LES FIGURES DE PIERRE

J'ai totalement détruit l'installation électrique pour me hisser jusque-là ! M'aidant du câble et surtout des attaches en métal, j'ai réussi à grimper au sommet. J'ai un mal de chien à me rétablir pour enfin me reposer un instant. Quand j'ai repris mon souffle, je rallume ma lanterne et examine les sculptures qui ornent toutes les surfaces. La pierre est différente, plus jaune et plus friable. Une frise sculptée et continue habille les quatre murs, elle est exclusivement composée d'hommes en haut-relief. Ils sont tous identiques ou presque et portent un pagne et une coiffe. Ils se tiennent dans la même position stoïque, de face, les bras le long du corps. J'imagine que ce sont des servants attendant les ordres du pharaon, même par-delà la mort.

Une seule statue se différencie. L'homme est dans la même posture, mais il est tête nue et crâne rasé. Ses deux mains reposent sur une pyramide qui cache la majeure partie de ses jambes. Aurais-je face à moi l'architecte des lieux ? Ou plutôt ai-je affaire à l'architecte du lieu qui a été copié pour construire cette attraction ?
Une inspection sommaire suffit à me décider à faire demi-tour, il n'y a rien d'utile dans cette salle perdue.

---

**I** – Je me rends en 12.

**II** – Je dois recommencer.

**III** – Où suis-je ?

## 22. AU SOMMET DU PUITS IMPRATICABLE

L'ascension n'est pas facile, mais heureusement possible grâce à mes outils. En me hissant jusqu'au sol de pierre, je découvre une commande mécanique. Elle permet de faire surgir des prises en acier donnant la possibilité de grimper à n'importe quel novice. L'autre commande, en bas du puits,

doit être dissimulée quelque part... Cette salle est un cul-de-sac, je devrai repartir par le même chemin, mais ce sera bien plus simple cette fois !
La vaste salle, quasi inaccessible, devrait être sobre, avec ses petits blocs bien alignés, son plafond plat et régulier. C'est évidemment le mobilier qui me surprend : table basse moderne, sofa confortable, plusieurs livres de poésie et même un service à thé ! Je suis tombé sur le repaire discret d'un des employés du musée. Peut-être même une employée au regard de la qualité et du goût déployé pour meubler cette pièce autrefois sinistre.
Je farfouille, dans l'espoir de trouver le collier, mais de bijou il n'y a point. Par contre, un feuillet tombe d'un tome lors de mon inspection. Je reconnais l'écriture immédiatement, elle est de la main de M. Zigler. Je ne peux m'empêcher de sourire en décryptant le message, puisqu'il s'agit d'une lettre d'amour enflammée, rédigée hâtivement au dos d'une invitation pour un bal masqué ayant lieu ce soir même. Pour consulter le carton d'invitation, je me rends dans les annexes, p. 253.
Par souci de discrétion, je garderai pour moi les mots échangés entre les deux amants, cela ne se fait pas d'exposer au grand jour la passion des autres...

**I** – Je me rends en 15.

**II** – Il n'y a rien.

**III** – Fausse piste.

## 23. LA SALLE COMPLEXE

Le mot labyrinthique prend tout son sens à mes yeux quand je pénètre dans cette salle. Elle est tellement percée de passages de toutes formes que sa configuration en est vraiment complexe. De plus, les blocs de pierre de plus d'un mètre de haut ont été largement retravaillés et sont martelés d'impacts de ciseau. Elle a perdu la régularité de sa construction d'origine pour gagner des courbes, des creux et des bosses, hérités de ces transformations. Cette pièce, ou plutôt ce carrefour, a été créée par hasard, semble-t-il, quand tous les couloirs se sont croisés ici.
Côté sud, une ouverture est percée dans un rocher qui doit peser plusieurs tonnes à lui seul. Le passage est arrondi, organique et très bas. Tout près de cette porte, un couloir s'ouvre à

presque deux mètres du sol, heureusement, un escalier en bois a été ajouté pour éviter les accidents et permettre de grimper sans efforts. De l'autre côté, vers le nord, le trou qui mène à une autre issue mesure à peine soixante centimètres de haut. Une demi-douzaine d'embryons de couloirs, pareils à des niches profondes, terminent de déformer la salle. Aucun ne mène bien loin. Enfin, une lourde grille évite de tomber dans un petit puits sans issue qui perce le sol.

---

**I** – Je me rends en 11.

**II** – Je me rends en 9.

**III** – Je me rends en 8.

## 24. LES TROUS

Il ne s'agit pas d'une salle à proprement parler. Tout simplement, le couloir se termine par deux trous à même le sol. Dans chacun se trouve une momie. Je me trouve assez profondément sous terre d'après moi, dans les fondations de la pyramide et du musée. Les pierres de construction sont différentes. Grises et de petite taille, elles s'empilent jusqu'au plafond. Le plancher semble être fait de la roche sur laquelle a été bâti tout l'édifice. Les cadavres ne recèlent rien et je n'ai pas d'autre issue.

---

**I** – Je me rends en 10.

**II** – Rien à voir ici.

**III** – J'ai dû me tromper.

## 25. LE RENFONCEMENT

Cette salle n'en est pas vraiment une. C'est un renfoncement entre deux puits afin que les grimpeurs puissent se reposer. L'espace est minuscule, mais, bizarrement, je trouve quelques poignées de sable. J'ignore comment il a pu arriver là. Je descends dans le puits ou tente de grimper.

---

**I** – Je me rends en 13.

**II** – Je me rends en 14.

**III** – Rien ici.

## 26. LA SALLE AUX INSCRIPTIONS

Tout à coup, le couloir donne sur un espace plus grand. À l'autre bout de la salle, je vois mon passage qui continue. Cela me permet de me redresser et d'étirer un peu mes muscles. Le plafond est couvert d'inscriptions illisibles et les murs ont perdu tout leur enduit. Cela devait être un bel endroit mille ans plus tôt, en tout cas, c'est ce qu'a voulu rendre l'artiste qui a reconstruit cet endroit quelques années plus tôt.

---

**I** – Je me rends en 18.

**II** – Je me rends en 17.

**III** – Je dois recommencer.

## 27. LA SORTIE

Le couloir donne soudain sur une pièce moderne. Boiseries, portes et même de la lumière ! Je me montre prudent et examine longuement les lieux avant de quitter mon petit boyau de pierre. Rien ne bouge.

Je sors de mon trou et comprends que j'ai trouvé une des issues de la pyramide et peut-être même du musée ! Cet endroit est une sorte de vestibule qui donne effectivement sur l'extérieur. L'entrée destinée au personnel sans doute. L'une des portes est d'ailleurs une issue, gardée si j'en crois mes oreilles, mais je peux sentir l'air de la rue. L'autre accès doit permettre de monter dans les étages, vers la partie administrative du musée. Il s'agit d'une puissante porte à caissons peinte de rayures bleues et or. Un cartel sur le linteau indique « Sesotris II ». Je ne trouve aucune serrure malgré mon examen attentif. Je suppose que le directeur a encore mis en place un de ses mécanismes… D'ailleurs, en examinant le battant, je note que chaque caisson est numéroté. Je m'en doutais !

| | | | | | | |
|---|---|---|---|---|---|---|
| 1 | 2 | 3 | 4 | 5 | 6 | 7 |
| 8 | 9 | 10 | 11 | 12 | 13 | 14 |
| 15 | 16 | 17 | 18 | 19 | 20 | 21 |
| 22 | 23 | 24 | 25 | 26 | 27 | 28 |
| 29 | 30 | 31 | 32 | 33 | 34 | 35 |
| 36 | 37 | 38 | 39 | 40 | 41 | 42 |
| 43 | 44 | 45 | 46 | 47 | 48 | 49 |
| 50 | 51 | 52 | 53 | 54 | 55 | 56 |
| 57 | 58 | 59 | 60 | 61 | 62 | 63 |
| 64 | 65 | 66 | 67 | 68 | 69 | 70 |

Un homme toussote dans la rue, il doit s'agir du garde de l'autre côté du vantail. À l'odeur, il vient d'allumer sa pipe. Je dois être particulièrement discret pour résoudre cette énigme sans donner l'alarme !

---

**I** – Je me rends en 18.

**II** – C'est bien ça, en comptant le nombre de rayures sombres et claires sur le masque du pharaon, et en partant du caisson de la porte n° 1, je tombe sur le n° 48, qui peut pivoter pour découvrir une poignée. La porte s'ouvre et j'entre sans attendre. Un escalier en chêne recouvert d'un tapis rouge, un papier peint de motifs floraux agréables et quelques tableaux complètent une ambiance très contemporaine et confortable. Après de longues heures au sein de l'Égypte, le changement est le bienvenu. Je grimpe les degrés rapidement et discrètement pour découvrir les vastes couloirs de l'étage administratif, décorés avec tout autant de goût. Une porte massive est ouverte à ma droite, d'où provient la mélodie d'une valse jouée par un petit orchestre. Une foule s'amuse et danse, j'aurais pu faire tout le bruit du monde au rez-de-chaussée, personne ne m'aurait entendu ! Une jolie malle damassée offre son contenu à la vue : des masques d'inspiration égyptienne et d'animaux. Ce sont des loups montés sur baguette ou maintenus en place grâce à une lanière de cuir, ornés de becs de faucon ou d'oreilles de chacal. Certains sont particulièrement compliqués et magnifiques, avec disque solaire suspendu au-dessus de la tête de son ou de sa porteuse. C'est l'accessoire idéal du cambrioleur !

Je choisis un loup de satin bleu et or, simple et sobre, qui accompagne élégamment mon costume queue-de-pie. À peine ai-je mis en place le masque qu'une femme surgit de la salle de bal comme une furie. La dame, d'une quarantaine d'années, porte un masque de chat seyant et une longue robe jaune pâle véritablement superbe. Décolleté, bras nus, corset de satin vert pâle recouvert de dentelle et de larges fleurs brodées mettent en valeur les formes de la danseuse. Un large nœud de satin marque la taille sous laquelle descend un jupon de satin couvert de dentelle et de fleurs brodées. La robe est aussi extravagante que belle et je reste un instant le souffle coupé. Non pas à cause de la tenue de mon interlocutrice ou de sa beauté, non, mais parce qu'elle porte le collier de la reine que je cherche depuis des heures. Elle vient sur moi d'un pas ferme et m'interpelle d'un ton énervé.

« Alberforth, vous voilà enfin, le bal masqué va commencer et vous ne pensez qu'à fumer ! Vous avez même fait tomber le coupon du tirage au sort, tenez, ne le perdez plus. »

Elle me tend un petit carton où est inscrit : « Le mot est contenu dans la question. »
« Vous avez changé de masque ? Mais où sont vos plumes blanches ? Comme vous voulez après tout, mais venez, votre épouse est déjà en place ! Allez ! »

L'inconnue me prend par la main comme si nous étions de vieux amis et semble me confondre avec quelqu'un d'autre, sans doute le fumeur entendu devant la porte secondaire. Je n'ai probablement que quelques danses devant moi avant qu'il remonte et je devrais en profiter. Je note que son masque porte une petite lettre brodée : Q. Alors que ma cavalière m'entraîne vers la salle de bal, je découvre que le collier qu'elle porte n'est qu'une copie de plus. Mais qui donc porte le vrai ?
Pour continuer mon aventure, je me rends un peu plus loin, à la partie 3 « Le bal masqué », p. 161.

**III** – Rien ici !

## 28. LA SALLE AU TRÉSOR

La vaste pièce est une représentation fantaisiste d'une salle au trésor de pharaon. C'est un volume cubique, d'environ huit mètres de côté, encombré partout de coupes en or, de bijoux entassés dans des paniers en osier joufflus. Au fond de la pièce, au sommet d'une volée de six marches de pierre, un énorme sarcophage en or brille sous les rayons de ma lanterne. Tous les murs sont couverts de hiéroglyphes multicolores. Comme je m'y attendais, tout est factice, ce n'est pas le royaume des morts, c'est celui de la tromperie : peintures dorées, bois sculptés, bibelots en verre et autres colifichets mal copiés doivent ravir les visiteurs. M. Zigler a sans doute voulu qu'à peu près tout le monde puisse tomber sur cet endroit, car il n'est pas nécessaire de faire trop d'efforts pour l'atteindre.

Naturellement, je fouille de fond en comble, mais je ne trouve pas le collier de la reine. Je n'ai plus qu'à rebrousser chemin.

---

**I** – Je me rends en 9.

**II** – Rien à voir.

**III** – Fausse piste !

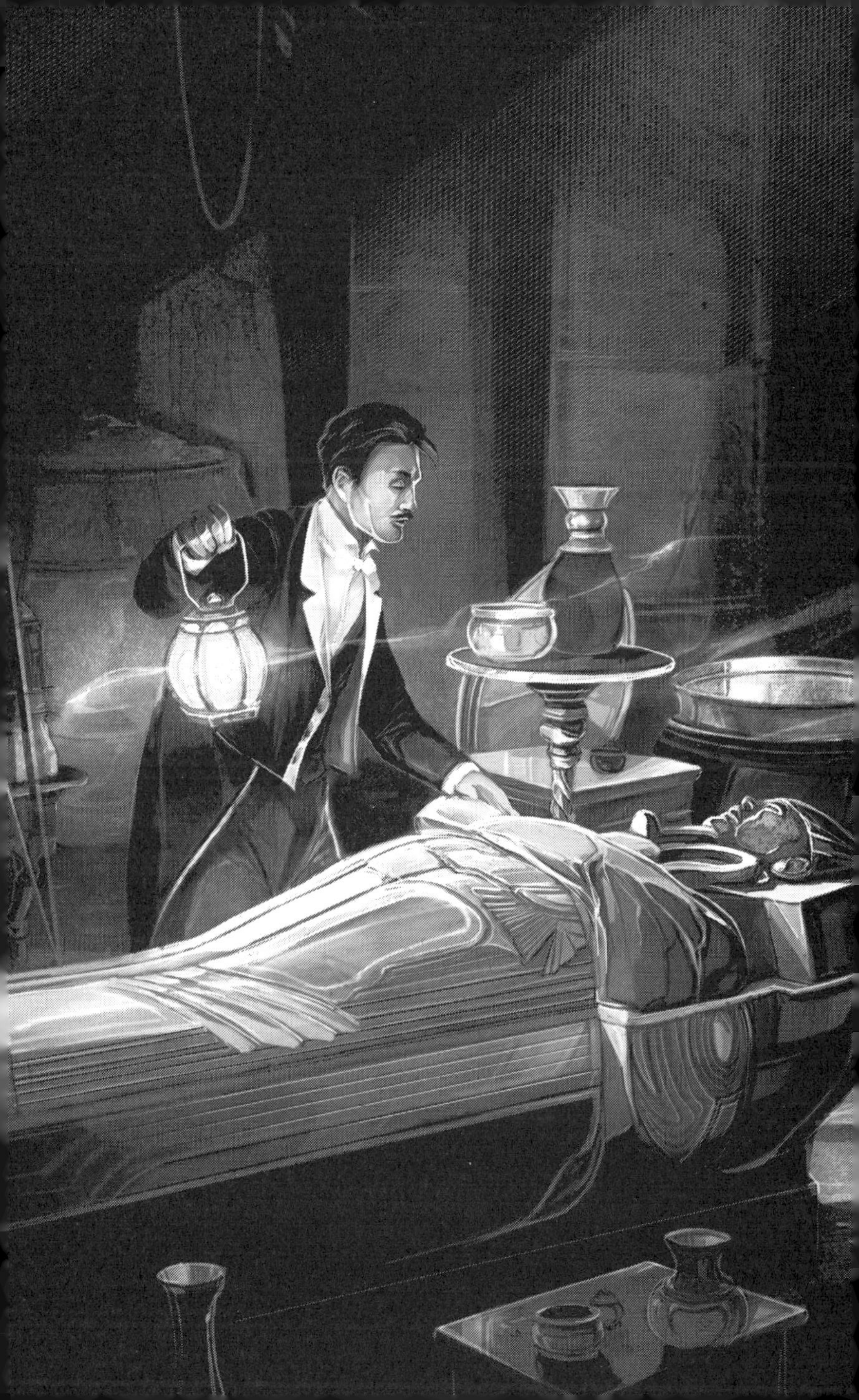

# PARTIE 3
# Le bal masqué

J'entre dans la grande salle royale à la suite de ma cavalière. L'éclairage électrique a fait place à des chandeliers chargés de plusieurs dizaines de bougies, suspendus au-dessus de nos têtes et le long des murs. Le parquet en point de Hongrie fait écho à un plafond à caissons de bois superbe. Des colonnes de marbre noir veiné de blanc structurent l'espace horizontal en alternance avec des moulures dorées et des panneaux de gypse blanc veiné de gris. Des miroirs de grande taille renforcent encore l'impression de gigantisme de la pièce, qui dispose déjà de dimensions remarquables.

Éparpillés par petits groupes, une bonne centaine de danseurs en tenue de bal écoutent avec un plaisir évident l'orchestre qui commence à jouer. C'est un chatoiement de robes multicolores et de costumes grandioses, même si je note que certains originaux ont tenu à marquer leur différence. D'autres ont choisi le costume queue-de-pie,

comme moi. Pour mon plus grand désespoir, je compte pas moins de quatorze danseuses portant le collier que je convoite. L'une d'entre elles a eu les faveurs du directeur et exhibe le vrai, mais laquelle ?
Tout le monde semble attendre, un verre à la main, plongé dans une conversation mondaine. Des couples disparates sont déjà formés et je comprends qu'une sorte de tirage au sort a séparé mari et femme. Mon voisin, un homme d'un certain âge affichant un embonpoint que ne peut plus cacher sa ceinture de soie, a l'amabilité de me résumer l'organisation de M. Zigler.
Chaque dame a tiré au hasard une énigme et son époux a reçu un indice aidant à la résoudre. Puis les couples ont été mélangés, le jeu est de changer de partenaire de danse pour retrouver sa compagne ou son conjoint avant la fin de la soirée. Pour pouvoir prétendre à la main de la dame et troquer sa partenaire, le danseur doit répondre correctement à son énigme. Je reconnais bien là l'esprit joueur de M. Zigler. Évidemment, tout le monde porte un masque, ce qui n'arrange pas les choses. J'apprends que les meilleures amies du directeur ont reçu en cadeau, lors de la dernière

réception, des copies du collier de la reine. Chacun a été fait dans des matériaux nobles et vaut une belle somme tout de même. Mais nul ne sait où se trouve le véritable trésor...
Je peux tirer profit de ce jeu de danse pour m'approcher suffisamment des colliers et vérifier s'il s'agit de copies ou si la chance me sourit. Je n'aurai plus alors qu'à subtiliser le bijou et à m'éclipser, ce qui sera facile au regard du nombre de fenêtres et de bureaux inoccupés à portée de main. Un homme que la foule me cache signale le début du bal par un « Bonne chasse ! » enjoué et l'orchestre ouvre la soirée par une valse *molto allegro*. Je vais devoir faire appel à tous mes souvenirs de leçons de danse pour suivre les participantes qui montrent toutes une technique parfaite. Ma cavalière m'entraîne et nous tournons. Elle s'amuse beaucoup, j'avoue ne pas partager complètement sa joie. Le jeu a commencé très vite, un gentleman profite déjà de la proximité avec un autre couple pour écouter l'énigme et l'indice, prononcés avec grand plaisir au milieu de la musique et des rires. Je n'ai plus qu'à en faire autant et à sortir d'ici le plus vite possible. Je peux approcher n'importe lequel des couples en choisissant dans les

couples suivants. Évidemment, j'ai fait une sélection et je n'ai conservé que les cavalières portant un collier de la reine.

## 1. MA PARTENAIRE LE CHAT

J'ai déjà décrit plus tôt la très belle robe de ma première cavalière. Mais je n'ai pas encore eu la présence d'esprit de demander son énigme qu'un bellâtre tente déjà de me voler ma belle danseuse en jaune. Elle lui répond aimablement : « On ne me voit seulement que de temps en temps : une fois dans la semaine et trois fois dans l'année. » Le lourdaud ne peut masquer sa surprise et son incompréhension. Ma belle éclate de rire avant de m'entraîner dans la danse avec encore plus d'entrain. Je parviens à faire comprendre mon indice tout de même à l'énergumène avant que l'éloignement, la musique et les bruits couvrent ma voix. Partout autour de nous, des couples se rapprochent et s'éloignent à nouveau, le temps d'échanger les quelques mots du jeu de M. Zigler. Je n'aperçois nulle part le directeur du musée, il est probable qu'il porte également un masque.

**I** – Un couple en particulier attire mon attention. Deux momies dansent ensemble et personne ne semble leur prêter attention. Lui porte la coiffe rayée des pharaons. Elle est tête nue et ils tournent assez vite pour que leurs bandelettes se défilent. C'est un spectacle qui mélange horreur et humour à la fois. D'autres danseurs me cachent les deux morts animés, ce qui me permet de ramener mon attention sur mon but, le collier !

**II** – « Mais non voyons ! Alberforth vous devriez surveiller votre penchant pour le tabac, j'ai l'impression que vous êtes moins finaud à chacune de nos réunions ! Et pourquoi diantre voulez-vous répondre à mon énigme, je suis déjà dans vos bras, je vous suis déjà acquise ! »

**III** – « C'est bien ça, vous m'étonnez toujours, mon cher. Je vous crois parfois bien peu astucieux, mais j'ai l'impression que vous cachez votre jeu. Avez-vous déjà repéré votre épouse ? Je ne retrouve pas mon excentrique partenaire dans toute cette foule, il porte un masque d'Anubis ! »

## 2. KHNOUM ET TAOURET

Le couple est mené par un jeune homme d'à peine vingt ans en costume et béret noirs, portant un gilet bleu à motif d'écaille, un faux col blanc maintenu par un imposant nœud d'un ruban de soie grise et des souliers vernis à boucle. Le cavalier entraîne sa compagne avec entrain et elle éclate de rire devant tant d'énergie. Lui a un mal fou à maintenir son masque du dieu Khnoum, une tête de bélier, et il perd souvent le rythme à essayer de conserver son identité secrète.

La dame respectable et bien plus âgée se laisse emporter par tant de fougue. Sa robe longue jaune et orange doit coûter une petite fortune. Manches à frous-frous, décolleté avenant, rose à la poitrine, large chapeau à plume de paon et boucles d'oreilles en diamant complètent l'image de l'épouse d'un riche bourgeois ou d'un noble. Tenant son fougueux danseur d'une main, elle garde la coquetterie d'un éventail dans l'autre. Elle cache son visage d'un demi-masque d'hippopotame assez mignon, sans doute la déesse Taouret, marqué d'un discret O.

Je force ma danseuse à suivre le couple énergique avec un peu de mal et parviens enfin à les aborder avec le plus charmant des sourires que je puisse afficher, alors que je m'essouffle.

« Belle déesse, quelle est votre énigme ? Et vous, jeune homme divin, quel est votre indice ? »

La danseuse me dévisage un instant, toujours tout sourire, et décide qu'elle pourrait apprécier de virevolter dans mes bras. Tout en tournant, elle me déclame sa devinette.

« Avec plaisir, bel inconnu, répondez donc à ceci : j'aime le jaune et je suis jalouse de celles qui en portent aussi, dites-moi quel animal nous formons ensemble, moi et ces copieuses. »

L'ardent cavalier laisse à sa compagne le temps d'un éclat de rire devant ma mine déconfite avant de me glisser : « Pensez aux étoiles ! »

Je suis décontenancé une nouvelle fois et le couple n'attend pas ma réponse, il s'éloigne en redoublant d'ardeur et de virtuosité.

---

**I** – Ils ont tant d'élan qu'ils ne peuvent se retenir et continuent dehors, sur l'un des balcons. Ils grimpent avec souplesse sur la balustrade et, je ne sais trop comment, car ils disparaissent de notre vue, sans doute en passant par les toits, ils reviennent par un autre balcon. La porte-fenêtre s'ouvre à la volée pour laisser entrer les danseurs, sous les applaudissements enthousiastes de l'assemblée.

**II** – C'est bien cela, ma première cavalière me donne le Q, Taouret me donne le O et Mehen à la robe solaire me donne le C, cela fait tout simplement COQ. La grande dame m'offre son plus beau sourire, congédie son partenaire et me donne sa main. Je l'entraîne avec toute la grâce qu'elle mérite tout en examinant avec attention son superbe collier. Hélas, ce n'est qu'une copie. Je n'ai plus qu'à changer à nouveau de cavalière pour trouver le bijou authentique.

**III** – « Mais non, mon cher, ce n'est pas la bonne réponse. J'espère que vous aurez plus de repartie la prochaine fois que nous nous croiserons », me dit-elle avec un sourire malicieux.

## 3. THOT ET APOPHIS

Étonnant costume et étonnant invité. Ce monsieur noir de peau porte une veste d'une modernité avant-gardiste. En soie noire, elle comprend une rangée de boutons nacrés blancs de part et d'autre. Elle ne peut manifestement pas se fermer ainsi, il ne s'agit que d'apparat. L'homme porte sous celle-ci un gilet en soie grise aux fermoirs en créneaux et une lavallière largement plissée au col de sa chemise blanche. Son masque est celui d'un ibis à long bec, pour le dieu Thot. L'ensemble de la tenue renforce l'aspect athlétique du danseur, qui se montre infatigable, au contraire de sa cavalière, exténuée. La très jeune femme tout de noir vêtue peine à suivre son partenaire. Sa robe sombre en soie, resserrée à la taille, ne lui permet pas les amples mouvements que demande la danse. La fourrure blanche immaculée, heureusement attachée à son épaule par une broche, vole en tous sens et la malheureuse demoiselle souffre de la chaleur. Son petit chapeau noir, posé sur une coupe de cheveux à la garçonne, est à moitié dissimulé derrière un serpent doré qui s'enroule autour de ses yeux. Je reconnais là Apophis et la lettre brodée E.

Entraînant ma partenaire du moment vers ce couple, je les sollicite sur leurs énigme et indice. D'une voix plate, madame me dit : « J'étais demain et je serai hier, qui suis-je ? »

Quant à monsieur, il me glisse, d'une voix de basse impressionnante : « Voici le menu... »

Il me tend un papier couvert de lettres.

| | A | B | C | D | E | F | G | H |
|---|---|---|---|---|---|---|---|---|
| 1 | A | O | G | P | L | N | K | H |
| 2 | H | J | S | D | F | U | M | R |
| 3 | Q | M | I | V | R | W | X | I |
| 4 | N | L | T | N | I | D | Y | Z |
| 5 | P | U | F | H | C | V | J | F |
| 6 | J | B | E | C | H | E | N | E |
| 7 | V | A | X | B | A | S | J | I |
| 8 | S | F | Q | I | R | J | X | L |
| 9 | B | O | S | P | G | B | G | M |
| 10 | G | W | K | H | A | U | W | O |
| 11 | Z | H | Y | D | M | O | I | T |
| 12 | U | N | R | F | A | S | R | T |
| 13 | R | M | A | V | N | E | P | L |
| 14 | R | K | G | N | T | J | G | Y |
| 15 | C | Y | E | T | E | B | T | A |
| 16 | X | P | S | H | F | Q | Z | J |
| 17 | N | L | U | W | V | B | K | T |
| 18 | H | S | A | J | Q | O | R | D |
| 19 | Z | S | G | K | L | J | C | F |
| 20 | U | I | P | Q | Y | K | R | T |

---

**I** – Alors que la demoiselle me parle, le serpent prend vie et s'enroule autour de ses épaules. Il n'est pas menaçant, mais

plutôt fascinant. Les ondulations sous la peau du reptile me captivent totalement.
« Mais pourquoi fixez-vous mon épaule, monsieur ? » L'illusion disparaît avec les mots de la danseuse et je me vois contraint de présenter de copieuses excuses. Je ne sais pas ce qui m'a pris.

**II** – La logique n'est pas la bonne. Si hier était demain, je suis après-demain et après-demain ne sera jamais hier. Je m'embrouille dans mes pensées et dans mes pas. Je dois me reconcentrer et réfléchir posément !

**III** – Quand je déclare « Aujourd'hui » à la jeune femme, elle pousse un soupir de soulagement et se jette dans mes bras. Par galanterie, afin qu'elle se repose, je valse doucement. Cela me permet aussi de me rendre compte que son collier n'est qu'une copie. Encore un coup d'épée dans l'eau !

## 4. AMON ET ISIS

Le gentleman aux tempes argentées n'est mon aîné que de quelques années et ses goûts vestimentaires sont sûrs. Il a opté pour un costume noir de coupe classique, assorti d'une chemise immaculée et des indispensables gants blancs. Son déguisement, à l'inverse, est un peu ridicule.

Même si Amon, le dieu représenté, est un dieu majeur, le masque possède la forme de l'oie de la Création... Deux grandes ailes blanches encadrent les yeux et la tête de l'animal émerge sur le front de l'homme. Comment peut-on s'habiller avec autant de classe et choisir un loup si ridicule ?

Il doit être en tous les cas un excellent danseur, car il n'est guère à ce qu'il fait et virevolte pourtant sans effort. Je ne sais pourquoi, il n'a d'yeux que pour la danseuse au masque de tortue.

Sa cavalière est habillée en garçon, une mode qui se répand de plus en plus dans les cercles avant-gardistes. Elle porte une tenue de ville très simple, gilet crème sous un veston marron et une cravate noire. Le chapeau melon est assorti à la tenue et détonne avec la chevelure flamboyante et ondulante qui flotte lorsque la demoiselle tourne sur elle-même. Entre deux âges, elle a un visage fin et une peau très pâle. Ses taches de rousseur et son sourire épanoui et rafraîchissant la rajeunissent probablement un peu. Ses grands yeux clairs font oublier son masque d'épervier gravé d'un V, l'animal qui représente habituellement la déesse Isis.

Alors que ma compagne et moi-même tournons à proximité de ce couple étonnant, je questionne les deux danseurs.
La femme me répond en premier et sa voix se révèle aussi agréable que son apparence : « Je suis entre quatre et six, mais je ne suis pas cinq. Qui suis-je ? »
Le gentleman prend la parole à son tour : « Trouvez les intrus. »
Voilà des informations intéressantes. Nos couples s'éloignent l'un de l'autre, je vais réfléchir à tout cela.

---

**I** – L'orchestre accélère le rythme et nous tournons, tournons, tournons... Je suis un peu étourdi par tant de rondes, alors que personne d'autre, autour de moi, ne semble souffrir d'une telle vitesse. Ma partenaire rit à gorge déployée et je remarque que la musique a atteint une force incroyable, les couples sont contraints de hurler pour s'entendre ! L'agitation a également gagné les spectateurs restés au bord de la piste et afin de se faire comprendre certains sont même obligés de mimer. Sous mes yeux ébahis, des hommes du monde se donnent en spectacle comme de vulgaires singes savants ! La danse touche à sa fin et la normalité reprend ses droits, me donnant le temps de recouvrer tous mes sens et aux invités de rectifier leurs tenues.

**II** – Je ne sais pas vraiment quoi répondre et quand l'opportunité de changer de partenaire se présente, je susurre « Un » à l'oreille de la belle. Elle me jette un regard peiné, puis éclate de rire. Ce n'est pas ça.

**III** – Mais oui, tout simplement, entre quatre et six il y a ET. Je me plais à danser dans les bras de ce garçon manqué au regard si doux. J'y passe d'ailleurs plus de temps que de raison, car le collier qu'elle porte est un faux.

## 5. SEKHMET ET HATHOR

Le gentleman de ce couple porte avec élégance un costume noir et blanc très classique, mais rendu fort différent des autres danseurs présents par l'ajout d'une superbe capeline. En satin noir, doublée de blanc, comme sa chemise à haut col et ses gants, elle tombe admirablement. Devant son haut-de-forme vissé sur la tête pour ne pas gâcher les voltes, au-dessus d'une moustache rousse coiffée avec soin, ce monsieur arbore un loup en forme de tête de lion, celle du dieu Sekhmet.

Emportée dans une valse énergique, la déesse Hathor, au masque de vache magnifiquement réalisé, fait voler sa longue toilette brodée. La demoiselle de bonne famille porte avec élégance une robe bleu ciel plissée, avec une traîne assez longue, partiellement cachée par un voile bleu nuit rehaussé d'or. Des dorures bordent tout le décolleté pour se terminer en touches subtiles vers la traîne. Pour parfaire le tout, une large bande ponctuée d'or termine le bas de la robe. La réalisation est admirable et la danseuse apprécie clairement d'être le centre de toutes les attentions.
Elle n'est pas surprise un instant quand je la prie de me donner son énigme, elle imagine que je veux prendre sa main et la faire danser contre moi. L'idée ne lui déplaît pas à en juger par son regard. L'ingénue, si elle savait que seuls son collier et la lettre H qui orne son masque m'intéressent !
« Qu'est-ce que tout le monde porte et qui les porte aussi ? »
En voilà une énigme amusante. L'accent bourgeois de madame est fort marqué, me dis-je. Je réfléchis à sa question tout en écoutant l'indice donné par monsieur capeline. « Retrouvez l'ordre des mots coupés, c'est simple comme bonjour. »

Très bien, je note mentalement la consigne en me demandant à quelle devinette elle peut bien correspondre.

---

**I** – Mon imagination s'enflamme alors que je réfléchis à la question posée par la danseuse. Quand on évoque devant moi ces notions, je pense immédiatement au géant Atlas, qui porte l'univers. De bons souvenirs de mon éducation classique me reviennent. Le sourire sur mes lèvres meurt instantanément quand je me rends compte soudain que les moulures de la pièce, bizarres de prime abord, se justifient sous ce nouvel éclairage. Je détaille des doigts gigantesques enserrant les caissons du plafond, des avant-bras colossaux mal dissimulés par des tentures trop massives. Un petit calcul mental me permet d'estimer le titan à quarante mètres au bas mot. Il est enfermé dans la maçonnerie du musée et soutient le toit, je n'ai qu'une frayeur : qu'il s'éveille !

**II** – La danseuse me jette un regard boudeur et continue de danser avec son partenaire. Cela ne doit pas être ça. Je l'aurais juré, pourtant...

**III** – La réponse déplaît à ma future conquête, ce n'est donc pas la bonne réponse. Alors que j'allais proposer autre chose, je remarque que le fumeur est de retour dans la salle de bal. Son épouse fait tomber son masque de surprise, ayant compris que je n'étais pas son mari et l'homme vient droit sur moi, assez furieux de ce quiproquo. L'altercation tourne au vinaigre et, quand mon loup m'est arraché, l'assistance comprend tout à coup que je ne fais pas partie des invités. L'orchestre s'interrompt et M. Zigler perce les rangs qui m'empêchent de m'enfuir. Il est le premier à comprendre que je suis là pour un cambriolage et me dénonce à la foule. Je n'ai pas le temps de faire un geste que plusieurs danseurs me saisissent. Un gentleman se révèle être un commissaire de police et il prend les choses en main. Me voilà désarmé et enfermé dans un cagibi sans aucune issue. Il ne faut pas bien longtemps avant que des policiers arrivent en renfort. Je me rends au paragraphe « La police », p. 275, pour poursuivre ma lecture.

## 6. LE SINGE ET ANQUET

Derrière un masque de singe qui pourrait faire sourire les plus simples se cache un homme d'une quarantaine d'années qui cultive son côté rebelle. Sa tenue est des plus classiques, pantalon gris à rayures noires, chemise blanche, gilet noir à simple boutonnage et nœud papillon étroit. Son attitude, son apparence et ses accessoires, tout indique que l'on a affaire à un brigand. De très nombreuses bagues ornent ses doigts, trop pour un honnête homme. Sa barbe fournie et courte ainsi que son regard dur participent aussi à cette impression. Enfin, contrairement aux autres invités, il ne porte pas de veste et ses bras de chemise apparents semblent prêts à être relevés afin de s'attaquer à n'importe quelle besogne digne du premier gangster venu.

Je pensais voir une biche dans le très beau masque porté par sa cavalière, mais il s'agit en fait d'une gazelle et donc de la déesse Anquet, la lettre A est d'ailleurs discrètement indiquée. Tout de rose vêtue, la danseuse porte une longue robe plissée brodée d'un très discret motif floral des plus charmants. Des touches d'un blanc immaculé ornent le bas de la robe, le col montant et les bras en dentelle. En dame habituée de ces événements, la femme de trente ans tout au plus porte les longs gants blancs de circonstance. Le choix du chapeau est étonnant, il est d'un jaune citron intense et se pare d'une très belle rose fraîche, aux feuilles vert vif, et de deux grandes plumes blanches.

Je dirige ma partenaire vers ce couple et demande l'énigme et l'indice avec courtoisie,

comme le font tous les autres danseurs autour de nous. La déesse Anquet me jette un long regard surpris avant de finalement citer, de mémoire : « Quel mot devient drôle après qu'on lui ajoute une lettre, mon cher ? »
L'homme, fidèle à son attitude de voyou, me lâche d'un ton sec : « Il n'y a aucun moyen de couper équitablement ! »
Je le remercie d'un hochement de tête à la hauteur de son amabilité et entraîne ma danseuse vers d'autres couples, le temps de réfléchir à tout cela.

---

**I** – Ma curiosité éveillée par la présence d'un autre monte-en-l'air, je me décide à surveiller le danseur. La suite me donne raison, puisque je surprends le vulgaire tire-laine en train de faire les poches des invités les plus riches. Ce n'est pas un concurrent, me voilà rassuré, je peux retourner à mes colliers, qui ne l'intéressent pas.

**II** – « Timbre devient timbré », proposai-je à la danseuse. Elle me répond par la négative, j'ai quelques tours de piste pour trouver mieux.

**III** – Mon mot, même soufflé dans le creux de l'oreille de la belle, ne la satisfait pas. Cette énigme est décidément difficile !

## 7. SOBEK ET NEPHTYS

L'impressionnant masque de crocodile du dieu Sobek n'est par contre pas l'idéal pour danser. La malheureuse partenaire doit de temps en temps esquiver le long nez en carton du reptile. Hormis le chapeau de feutre marron, très moderne, qui prête à sourire, le danseur est habillé avec soin. Il porte un costume noir à rayures complet avec gilet, montre de gousset et cravate rouge écarlate. Malgré toute la qualité de la tenue, il faut bien reconnaître que j'ai l'impression de croiser un crocodile mafieux !

La cavalière de Sobek n'est autre que Nephtys, la déesse à tête de faucon. Tête nue, laissant ses longs cheveux bruns descendre jusqu'au bas de sa robe, elle porte fièrement le masque marqué d'un L, même si elle doit de temps en temps l'ajuster. La robe simple et sobre est d'un rose tirant sur le pourpre, fermée par un amusant rabat à créneaux et de gros boutons. Les épaules bouffantes cachent la peau jusqu'à mi-bras. La danseuse tient encore en main le carton avec l'énigme qu'elle a tirée au sort et elle s'y réfère souvent en essayant avec peine de l'apprendre par cœur.

Je l'interromps au beau milieu d'une répétition du texte, les yeux à moitié fermés et les lèvres occupées à formuler silencieusement la question. Elle est un peu surprise mais se reprend rapidement et me livre l'énigme : « Le buffet est vaste et numéroté, il demande un peu de savoir-vivre : dans les Entrées, évitez la quatrième, les neuf et dix ou encore la seize, pour ce qui est des Fromages, ne vous laissez tenter par aucun de quatre à seize, enfin, fermez également les yeux sur les Desserts quatre à seize. En remerciements, avez-vous quelque chose à me dire ce soir ? »
Son compagnon, bien plus à l'aise, me donne immédiatement son indice : « Ne cherchez pas à compliquer, restez dans le temps présent. »
La danse continue et un autre couple se rapproche de nous alors que Sobek et Nephtys s'éloignent déjà.

---

**I** – Un tour de piste écoulé, je me retrouve à nouveau à proximité du couple. Quand je les aborde, le gentleman se tourne vers moi. Le masque n'en est plus un ! La tête de crocodile aux centaines de dents fixe ses yeux humides et reptiliens sur moi. Les pupilles se contractent juste avant

l'attaque et je ne peux quitter du regard la gueule prête à frapper, qui s'ouvre grand pour m'engloutir. « Ne cherchez pas à compliquer, restez dans le temps présent », dit alors le danseur, au visage redevenu tout à coup humain. Inquiets de mon expression, mélange de terreur, de surprise et de soulagement, les deux danseurs n'attendent pas ma réponse et se fondent dans la foule des couples tourbillonnants non sans me lancer d'étranges coups d'œil.

**II** – Ce n'est pas la réponse qu'elle attendait et elle me regarde bizarrement. Connaît-elle la voix de l'homme qui me prête sa place, le fumeur qui ne saurait tarder à revenir ? C'est bien possible, je vais devoir faire très attention. Le couple s'éloigne en dansant, mais la cavalière ne me quitte pas des yeux.

**III** – « C'est bien cela, vous avez bien décodé les plats ! » Avec soulagement et un plaisir que je ne peux cacher, je succède au masque de crocodile pour m'apercevoir que le collier que porte ma nouvelle cavalière est une simple copie. Je dois persévérer.

## 8. KHEPRI ET HEQET

Certains des dieux égyptiens sont particulièrement hideux, comme Khepri, à la tête de scarabée. Mais alors pourquoi en avoir fait un masque ? Dans son costume de bal gris et veston marron à double rangée de boutons dorés, le scarabée doré semble encore plus abominable. Les pattes tombent, de part et d'autre du corps de l'insecte en carton-pâte, sur les épaules du gentleman et bougent au rythme de la valse, comme animées d'une vie propre. L'effet est terrifiant et la danseuse est dégoûtée, malgré tous ses efforts pour n'en rien montrer. En face de Khepri, le hasard, qui a décidément beaucoup d'humour (ou de mauvais goût), a désigné une femme portant un masque de grenouille agrémenté d'un I. Sa tenue est composée d'un bustier à manches longues entièrement brodé de motifs circulaires vert pâle, qui descend bas sur une jupe à traîne unie en lin blanc. La danseuse a agrémenté le tout d'une longue ceinture en tissu de coupe médiévale, qui descend presque jusqu'à ses pieds. Derrière le loup-batracien, les cheveux longs et frisés de la belle ondulent avec

grâce, malgré la raideur de ses gestes. Elle tente de rester le plus loin possible de son partenaire, tout en conservant une distance de danse polie. Je n'ai pas à aborder la dame, elle est bien trop impatiente de changer de partenaire et donne son énigme à tous les danseurs qui s'approchent : « Dites-moi vite, combien de gouttes d'eau peut-on mettre dans une coupe vide ? »
Un peu agacé par son comportement, son danseur donne son indice un peu à contrecœur : « Ce n'est pas un chiffre. »
Je suis presque tenté de donner une réponse, n'importe laquelle, à la déesse Heqet pour la libérer au plus vite de son hideux compagnon. Je me demande même si elle va jouer le jeu et trouver la patience d'attendre une réponse correcte ou accepter n'importe quelle solution !

---

**I** – La grenouille et le scarabée, voilà qui ferait une fable amusante si l'un ne se nourrissait pas de l'autre. Me rendant compte de cela, je regarde à nouveau le couple pour découvrir, avec horreur, que la danseuse a ouvert une gueule béante et englouti la tête de son cavalier. Le malheureux, dont tout le corps émerge encore, se débat frénétiquement. Le pire de cette scène de cauchemar est que personne d'autre n'a rien remarqué. Le meurtre est caché à ma vue par les couples sur la piste, qui restent imperturbables et tout à leurs amusements. Mais où suis-je tombé ?

**II** – Je tente d'estimer la contenance d'une coupe et c'est un peu au hasard, je dois le reconnaître, que je donne le nombre de trois cents. Je n'ai guère de chance, car non seulement mon interlocutrice n'est pas prête à entendre n'importe quelle affabulation et acquiescer à tout et n'importe quoi pour changer de partenaire, mais, de plus, ma réponse est fausse. Je vais y réfléchir encore un peu alors que l'orchestre entame un nouveau morceau.

**III** – Cela me paraissait logique, mais d'après le mouvement de tête négatif et le regard un peu désespéré de la danseuse, ce n'est pas la solution. J'en aurais mis ma main au feu pourtant.

## 9. L'ÂNE ET LA TORTUE

Les anciens Égyptiens adoraient nombre d'animaux, mais tous n'ont pas été élevés au rang de dieux. En tous les cas, je ne connais pas les divinités tutélaires de l'âne et de la tortue. Cela ressemble plus à une fable de La Fontaine qu'à un couple divin.

Sous un masque qui couvre tout le haut de la tête et arbore une magnifique paire d'oreilles poilues hautes et dressées, un homme d'une cinquantaine d'années porte une moustache distinguée, un costume noir à queue de pie du plus bel effet et une pochette assortie à sa cravate écarlate. Il émane de l'homme une confiance en soi naturelle qui est pourtant démentie par son comportement : il suit des yeux en permanence une dame en ibis dans les bras d'un vautour.
La danseuse arbore un loup en forme de tête de tortue, la lettre N et un filet dans les cheveux dont les mailles rappellent les écailles de la bête. La dame est plus vieille que le danseur et probablement très riche. Entièrement de rose vêtue, le satin qui compose la robe ouvre sur un large décolleté et couvre les bras de dentelles compliquées. Dans un style très colonial et en vogue au siècle dernier, la couturière a agrémenté les épaules, le tour de cou et les bas de la robe de rubans noués de couleur vermeille. Le plaisir de la dame est indéniable, soit elle adore valser (d'ailleurs, c'est une excellente danseuse), soit elle aime sa robe au plus haut point, soit elle apprécie grandement son partenaire. Peut-être même les trois à la fois !

J'éprouve même un peu de mal à briser un tel moment de joie, mais, grande dame, elle me répond sans hésitation, comme si mon interruption était la bienvenue : « NON, FOUR, ELAN, DOUX, CASE, LIEU, MIG, CHOU, BEAU, SANS, NUIT, YEUX. Les mots doux les plus petits font les plus beaux des compliments. »
L'homme me donne son indice d'une voix mélodieuse : « Ne gardez qu'une lettre de chaque mot, toujours du même rang, vous devriez trouver rapidement. »

---

**I** – Je considère l'énigme d'autant plus facilement que dix chats suivent ce couple dans chacun de ses mouvements. De temps à autre, l'un d'eux saute sur les épaules du cavalier pour tournoyer avec eux. La plus prompte à grimper sur ses maîtres (je suppose) est une petite chatte européenne grise à rayures sombres et aux reflets roux. Amener ses animaux dans un bal ne se fait pas, mais je ne suis pas surpris outre mesure. J'ai déjà été témoin à plusieurs reprises de l'extravagance des habitués de ces lieux, depuis le début de la nuit.

**II** – Ma solution est très mal reçue. L'homme comprend que quelque chose ne tourne pas rond et m'enjoint d'enlever mon masque. Devant mon refus, il arrache le sien et je me retrouve face au directeur du musée en personne ! Deux invités m'immobilisent, mon visage inquiète toute l'assemblée, car je ne fais pas partie de leur petit monde de célébrités. La police intervient en un temps record à la demande d'un des invités, un magistrat. Je me rends au paragraphe « La police », p. 275, pour poursuivre ma lecture.

**III** – « Trouvez-vous votre partenaire MIGNON, madame ? » La danseuse acquiesce en rougissant puis passe à mon bras avec un dernier sourire pour mon prédécesseur. Il est bien trop occupé à regarder ailleurs pour faire attention à moi. Le superbe collier autour de la superbe gorge n'est malheureusement pas le véritable bijou. J'enrage !

## 10. LE CHIEN ET NEFERTOUM

Le danseur au masque de chien est particulièrement élégant. Son costume est noir, sur une chemise blanche à col haut, retenue par un foulard de soie noué avec recherche. Le gilet en damas satiné tombe sur un pantalon à pinces parfaitement coupé. La coupe du veston est originale : court devant et en queue de pie, il montre des revers soyeux du plus bel effet. Coiffé avec goût, l'homme est assez jeune. La barbe qu'il cultive, pourtant avec soin, peine à couvrir sa mâchoire un peu trop douce. Tête nue, il danse avec une désinvolture étonnante pour son âge.

Sa cavalière, tout en couleurs claires, fait contraste. Rousse, maquillée et au regard enflammé, elle a quelque chose de faux, je ne saurais dire quoi, comme si elle était elle aussi une cambrioleuse déguisée. Sous un châle blanc très long, qui vole avec la danse, elle porte une robe rose et blanc faite de plusieurs couches de dentelles fines, rehaussée de nœuds rouges à la poitrine, à la ceinture et dans les plis de la jupe. Dans ses cheveux magnifiquement ondulés, une plume de paon vert et bleu dépasse du masque de lion. C'est la déesse Nefertoum et sa lettre est le R.

Les deux danseurs sont tellement enthousiastes que je n'ai pu les interroger lors de ma première tentative. J'ai attendu quelques tours de piste avant de pouvoir à nouveau amener ma cavalière dans la bonne position. « Bien sûr, mon bel inconnu : comment partager un panier de sept pommes pour que dix petits affamés en aient tous autant ? »

Le danseur, réticent à l'idée de céder sa partenaire, me donne enfin son indice : « Anagramme mon cher, anagramme. »

Comment vais-je gagner la main de la jolie rousse ? J'ai intérêt à me creuser les méninges !

---

**I** – Intrigué par cette histoire de pomme, je prends congé de ma cavalière pour me rendre jusqu'au buffet. Sous les regards curieux des invités qui se restaurent, je m'empare de sept poires : la chance n'est pas avec moi et aucune pomme n'a été servie ce soir. Je les place en ligne, en triangle, je les empile, mais rien n'y fait, je ne parviens pas à trouver comment faire. C'est évidemment à cause de la nature des fruits, avec des pommes, j'aurais réussi.

**II** – « C'est bien ça, bravo ! » « Allons monsieur, il est temps de me laisser partir », dit-elle à son partenaire réticent. Je savoure ma victoire un instant en faisant tourner la jolie rousse avant de comprendre qu'elle ne porte qu'une copie du collier. Il y en a tant, j'ignore si j'arriverai à tomber sur le bon à temps !

**III** – « Et que faire du reste, voyons ? Non, non, non, ce ne sont pas là des manières d'homme du monde ! » Le couple s'éloigne et je note qu'ils interpellent un danseur en particulier qui, en écoutant le récit de la rousse, me fusille du regard. Je décide de jouer la prudence. En présentant mes excuses à ma partenaire, je me dirige discrètement vers la porte, essayant de me perdre dans la foule. Mais la chance n'est plus avec moi et je tombe nez à nez avec le fumeur, de retour de sa sortie nocturne. Son épouse pousse un cri de surprise en nous voyant tous les deux l'un à côté de l'autre, alors qu'elle comprend que je suis un usurpateur. Je m'élance pour courir jusqu'à la première fenêtre, mais l'homme à la pipe me fait tomber d'un croche-pied assez fourbe. Avant d'avoir pu réagir, je me retrouve maîtrisé et démasqué. Accusé de venir menacer la tranquillité d'une fête privée, on m'emmène au poste de police. Je me rends au paragraphe « La police », p. 275, pour poursuivre ma lecture.

## 11. ANUBIS ET L'OISEAU

Le gentilhomme de ce couple possède un regard perçant et dur, très cohérent avec son masque d'Anubis, le dieu des Nécropoles. Sa redingote noire en tissu épais possède des revers brodés d'or, tout comme les manches retroussées. Sous cet habit remarquable, le danseur porte une tenue assez classique ; pantalon, veston et cravate noirs sur chemise blanche. Le seul rappel de l'excentricité de sa veste se matérialise par une boucle de ceinture en bronze forgée de boucles et d'arabesques.

La jeune femme brune arbore une tenue extravagante. Une robe blanche à traîne, moulante sur le haut du corps et large aux pieds, dont les manches sont exagérément amples. Pour rester dans une gamme chromatique restreinte, la demoiselle n'a agrémenté sa tenue que de quelques accessoires choisis avec soin. Ainsi, elle porte de longs gants noirs soyeux, une bouffée de dentelle blanche à la poitrine et une énorme fleur de camélia d'un rouge profond dans les cheveux. Son élégance en fait presque oublier le masque d'oiseau en plumes marqué d'un T sous lequel elle cache son identité.
Il est difficile de s'approcher de ces danseurs, la jeune femme éblouissante est particulièrement convoitée. Je parviens tout de même à guider ma cavalière à portée de voix et les questionne aimablement. « Elisa entre à l'asile et Simona s'occupe de sa maison. Mais où est Marion ? »
La question me laisse sans voix, j'écoute donc la voix grave du dieu des Morts sans mot dire.
« Pensez aux éléments qui composent ces périodes. »
Je ramène toute mon attention sur ma partenaire. Pour être honnête, une belle partie de

mon attention est plutôt destinée à réfléchir à ces nouveaux éléments, mais la galanterie oblige un minimum.

---

**I** – Où est Marion ? La belle question ! Je n'ai connu qu'une Marion et elle habitait dans un hôtel particulier. Belle à en mourir, elle possédait une collection d'oiseaux exotiques impressionnante. Le masque de la danseuse m'est familier, d'ailleurs, car le volatile représenté ressemble terriblement à l'animal préféré de Marion. C'est alors que je comprends l'identité de mon interlocutrice. « Marion du Vernon ? » osé-je lui demander ? Mais ce n'est pas elle, aucune reconnaissance ne brille dans ses yeux quand elle me répond : « Vous gagnez sans conteste pour l'originalité de votre réponse, mais ce n'est pas ça ! »

**II** – « Hélas, mon cher ami, ce n'est pas la réponse que j'attendais. » Les danseurs s'éloignent en tournoyant et me laissent avec ma cavalière actuelle, quelque peu dépité.

**III** – « Quelle drôle de réponse ! Vous avez tout faux, quel dommage ! » L'éclat de mon interlocutrice attire les regards curieux des nombreux prétendants qui dansent à proximité. L'un d'eux en particulier me dévisage en cherchant à deviner mon identité. En réaction, je cherche à m'éloigner et cela attise encore plus sa curiosité et, malheureusement, ses soupçons. Sur son ordre, l'orchestre s'interrompt et la foule se tourne vers moi. Je me vois obligé d'obtempérer à l'ordre d'ôter mon masque, car un mur d'invités m'empêche de m'enfuir... Lorsqu'ils découvrent que je suis un imposteur, tout va très vite et on me confie à la police en un rien de temps. Je me rends au paragraphe « La police », p. 275, pour poursuivre ma lecture.

## 12. RA ET BASTET

Le masque de Ra est impressionnant en lui-même : bec de faucon, coiffe égyptienne blanc et noir surmontée d'un disque solaire rouge. La tenue du danseur est tout aussi remarquable. Par amusement ou par dépit, l'homme aux cheveux aile de corbeau a jeté son dévolu sur un costume d'arlequin bicolore. Pantalon en soie blanche sur tunique ample à larges manches et à fraise démesurée ne sont marqués que par de gros boutons rouges. Il se déhanche avec un plaisir évident et sa partenaire peine à suivre.
La déesse du Foyer au très mignon masque de chat annoté d'un R pourrait être assortie à son cavalier, car elle aussi a choisi une tenue fantaisiste. Sa jupe blanche est courte, bien

au-dessus du genou, et vole en tous sens comme un tutu en mousseline. Le bustier assorti est plus sobre mais dévoile généreusement les épaules et la gorge de la danseuse. De jolis nœuds attirent le regard sur ses bretelles qui seraient discrètes sans cela. Elle n'a pas l'énergie et la souplesse de son partenaire mais compense par son détachement et sa désinvolture : elle danse sans s'inquiéter du regard de ceux qui l'entourent.

Elle est un peu surprise quand je l'aborde, elle avait les yeux à moitié fermés et se laissait porter par la musique. Elle se reprend rapidement pour me répondre. « Dites-moi cher ami, quel mot devient évident dans ma question ? »

Devant ma surprise en retour, l'arlequin éclate de rire et me délivre son message : « Et le chien dort dans sa niche ! »

Mon interlocuteur éclate à nouveau de rire et entraîne sa déesse à tête de chat dans de nouvelles rondes.

---

**I** – Une clarté intense se déverse sur ce couple, qui se détache nettement dans la foule. La lumière émane directement du dieu Ra, elle ne tombe pas sur eux du ciel. Les autres danseurs s'écartent naturellement et je peux les admirer tournoyer encore et encore alors qu'ils s'éloignent. Tous les autres dieux reconnaissent la supériorité de la divinité solaire et l'assemblée s'incline sans que le couple s'interrompe un instant. Lorsque Ra et Bastet quittent la salle après bien des rondes, chacun reprend son ou sa partenaire et le bal reprend.

**II** – Bastet n'accepte pas ma proposition de réponse. Elle s'éloigne en dansant, emportée par son cavalier. Je commence à m'inquiéter de perdre autant de temps. Et c'est ce moment que choisit le fumeur pour surgir dans la salle, son épouse au bras. Je suis bien vite désigné du doigt et on me demande de m'expliquer : pourquoi ai-je pris la place de Lord Worth et qui suis-je ? Le masque tombé, il n'existe plus aucun doute dans l'esprit des invités, je suis un usurpateur et un malandrin. La foule est bien trop dense pour que je puisse m'échapper, j'abandonne. On me remet à la police sans attendre. Je me rends au paragraphe « La police », p. 275, pour poursuivre ma lecture.

**III** – « C'est évident, le mot est "devient" bien sûr ! » Mon trait d'humour charme la danseuse au masque de chat et nous nous lançons dans une valse que je mène assez lentement, pour que ma cavalière se repose un peu. Cela me permet aussi d'examiner son collier, qui n'est finalement qu'une autre copie...

## 13. NEKHBET ET IBIS 9

Ce couple est lui aussi assez disparate. Monsieur est un gentleman d'un certain âge en costume de bal de circonstance, tout à fait classique, en queue-de-pie et haut-de-forme, comme moi. La qualité du revers de sa veste, le double boutonnage et la ceinture de soie brodée de son costume le situent dans une catégorie sociale supérieure. Il porte, de plus, un certain nombre de médailles civiles et militaires au plastron qui amènent à penser que la qualité de l'homme est reconnue, peut-être même s'agit-il d'un noble. Son air aimable tranche avec le loup à bec de vautour du dieu Nekhbet.

La très belle jeune femme à son bras porte une robe bleue de coupe Empire, sobre et distinguée à la fois, ainsi qu'un masque d'oiseau tout simple, un ibis, où il est précisé D. Le large décolleté ourlé d'or, tout comme la ceinture fine et juste sous la poitrine mettent en avant les douceurs de la blonde demoiselle. Ses cheveux sont attachés en

un chignon porté haut sur la tête, dans un style contemporain de sa tenue. La danseuse est un ravissement pour les yeux.
Une foule de prétendants bourdonne autour du couple, pour le plus grand plaisir de la belle, qui donne sa question à qui veut l'entendre, avec un léger accent de l'Est : « Mardi, jeudi, dimanche ; donnez-moi la bonne réponse tirée de ces jours et pour vous je n'en serais plus un. »
Le sourire complice que me lance la dame est désarmant. « Elles ne sont que trois en jaune », me dit son compagnon de bal.
En voilà des déclarations compliquées, me dis-je en essayant de rester à hauteur du couple.

---

**I** – Toutes ses journées se mélangent dans mon esprit. Lundi tourne autour de mardi, alors que mercredi danse avec jeudi. Vendredi est en retard pour accompagner samedi en promenade du dimanche... Je n'ai guère les idées claires !

**II** – « C'est une erreur, mon bon monsieur », tonne la belle blonde. Je prends le temps de réfléchir à une nouvelle réponse quand la musique s'arrête à la demande de quelqu'un dans la salle. Toutes les têtes se tournent vers le fumeur, son épouse et le directeur du musée, qui viennent droit sur moi. J'ai été repéré ! Je tente de m'enfuir vers une fenêtre, mais un danseur au masque de lion se met sur mon chemin. Je me jette de côté pour passer outre, mais un autre invité s'interpose et me ceinture. Je me libère à peine du premier malappris que d'autres lui viennent déjà en renfort. Je ne parviens pas à me libérer et la police arrive très vite pour prendre le relais. Je me rends au paragraphe « La police », p. 275, pour poursuivre ma lecture.

**III** – « C'est exactement cela, les troisièmes lettres de chaque jour forment le mot MUR. Bravo, monsieur ! » J'entraîne la demoiselle dans une valse et nous trouvons ensemble un rythme et une synchronisation inespérée. Je ne peux détacher mon regard des grands yeux de la belle et surtout de son collier. Il me faut un certain temps pour comprendre et surtout en être sûr, c'est bel et bien le bijou authentique. Le brillant, les reflets, la patine de l'âge, tout concorde ! Je ne peux cacher mon excitation à ma cavalière, qui se méprend sur mes intentions et m'invite à prendre un rafraîchissement. Je saute sur l'occasion de m'écarter un peu de la foule. Un verre à la main, nous nous dirigeons tous deux sur un balcon à la balustrade sculptée en $\psi$ et l'air frais de la liberté me revigore. Elle fait tomber son masque et enlève le mien avec délicatesse. Elle n'est pas surprise par mon visage, après tout, je ne suis pas un invité, mais ne dit rien et continue à me

parler de tout et de rien. Elle s'appelle Natalia et travaille au musée, elle aime l'histoire et les récits d'aventures. Elle est née près de Moscou, d'une famille de riches artisans diamantaires, elle me dévoile sa vie en me souriant avec chaleur. Une tension se construit entre nous et j'hésite sur la marche à suivre. Je ne peux pas lui subtiliser le collier sans qu'elle le remarque et donne l'alarme. Comment faire ? Quel moyen pourrais-je utiliser pour l'amener à me donner son trésor ?

## 14. APIS ET HEDDET

Le galant de ce couple porte une tenue un tantinet désuète, composée d'un pantalon blanc étroit et court, de souliers noirs vernis à nœud, d'une chemise claire à jabot et surtout d'une redingote bleu marine brodée de motifs circulaires discrets. Une taille très haute, tout comme le col, fait ressortir le double boutonnage en or. La queue-de-pie étroite et les manches longues légèrement bouffantes et plissées accentuent la taille du danseur. Il a choisi un haut-de-forme au tube assez long et les gants blancs de rigueur, naturellement. Il ne lui manque que la canne pour être un parfait représentant de la mode du siècle passé. Je me dis soudain que cette canne doit sûrement se trouver

dans le vestiaire ! Il cache son identité derrière la tête de taureau du dieu Apis.
La cavalière aux jolies boucles blondes et au masque de poisson brodé d'un G est difficile à manquer. Habillée d'écarlate de la tête aux pieds, sa longue robe largement fendue se termine en traîne élégante. Aucun détail ne vient briser l'uniformité de la coupe, si ce n'est la capeline et le chapeau blancs à frous-frous.
Je ne me rendais pas compte à quel point la danseuse était jeune avant d'entendre sa voix claire et haut perchée. « Vous, usez, Ni, ages, Que, Moi, Am, Di, ita, Sans, tes, tion, Vous, Hes, Amb. »
Étonnant ! Le gentleman enchaîne : « C'est sur le vide que vous devriez vous appesantir. »
Bien, bien, bien, il va me falloir m'appesantir sur tout cela, en effet.

---

**I** – La longueur de ce chapeau haut de forme est vraiment impressionnante. Amoureux des couvre-chefs moi-même, je n'en avais encore jamais vu d'aussi haut. Le danseur est même obligé de surveiller la position des lustres suspendus afin de les contourner et d'éviter de les percuter. Comment diantre a-t-il pu passer les portes ?

**II** – Ma réponse n'enchante guère la danseuse blonde. Elle me renvoie réfléchir un peu plus à la solution et rejette toute son attention sur son cavalier.

**III** – « Je suis heureuse de l'apprendre et c'est bien la bonne solution ! J'espère que votre maîtrise de la danse est à la hauteur de votre perspicacité ! » Nous rattrapons les autres danseurs dans une nouvelle chorégraphie tournoyante et je découvre avec lassitude qu'elle ne porte pas le collier originel. Qui me reste-t-il encore à aborder ?

## 15. TEMET ET MEHEN

Ce gentilhomme est très probablement un bourgeois ou issu d'une grande famille. Sous un masque de hérisson, une moustache distinguée barre un visage aimable. L'homme arbore un riche costume de bal noir composé d'un manteau léger, d'un pantalon aux plis marqués et d'un gilet sobre. Les seules touches de couleur sont celles d'une rose rouge à la boutonnière et d'une lavallière bleue rehaussée d'or. Une tenue parfaite et sans faute de goût.
Le masque de vipère de Mehen est impressionnant, mais il est rendu presque invisible

par l'exubérance de la demoiselle qui le porte. La robe solaire à la jupe bien courte et évanescente cache les épaules par d'énormes manches bouffantes et dévoile largement la poitrine de l'ingénue. Sur son chapeau virevoltant agrémenté d'un gros nœud de soie grise glissant jusqu'à ses pieds, la danseuse porte des fleurs rouges cousues à même le tissu. Elles permettent un agréable lien visuel entre le jaune éclatant et la chevelure rousse de la cavalière, totalement déchaînée sur la piste, pour le plus grand plaisir de ces messieurs.

Il m'est difficile d'aborder le couple, tant ils dansent avec passion et tournent vite sur la piste. Je parviens tout de même à les rattraper, à noter la lettre C indiquée sur son masque et à les questionner. « Mon jardinier doit planter dix rosiers dans le jardin. Joueuse, je lui demande de les disposer de manière à former cinq lignes de quatre plantes chacune. Comment peut-il faire ? »

Excellente question, me dis-je, mais je n'ai pas le temps d'y réfléchir que son partenaire me donne déjà son information : « On marche souvent dessus », déclare-t-il avec un clin d'œil complice.

**I** – Emportée par le plaisir de la danse, la cavalière ne s'aperçoit pas que ses fleurs se détachent et s'envolent. Elles viennent se poser délicatement sur les robes des autres danseuses où elles trouvent à se planter. Éclosion après éclosion transforment toutes les dames du bal en bouquets de pétales rouges. Nous dansons dans un jardin magnifique de vert et d'écarlate.

**II** – « Mais cela ne donne pas cinq lignes de quatre plantes chacune, cela donne cinq lignes de trois plantes seulement ! » J'admets que je me suis trompé, ce n'est effectivement pas la solution.

**III** – « Non, non, non, cela ne fonctionne pas, au mieux vous obtenez des lignes de trois plantes et une seule de quatre si les triangles sont accolés. J'étudie la géométrie, croyez-moi, ce n'est pas la solution la plus intelligente ! » Un peu vexé par la repartie de mon interlocutrice, je me creuse la cervelle pour trouver autre chose.

Carnet
de notes

# Rappel de règles

Peut-être avez-vous déjà participé un jour à un *escape game* ? Vous savez, ce jeu où il faut trouver en moins d'une heure le moyen de sortir d'un lieu clos en résolvant des énigmes ? L'*escape book* en reprend les codes et les principes. Bien sûr, il n'y a pas de limite de temps. Mais il y a des énigmes et des épreuves ! Seule votre astuce vous permettra de sortir de ce livre ! Pour vous guider, voici un petit ensemble des principales règles du jeu.

## EXPLORER LES DIFFÉRENTES SALLES

Le narrateur est seul, enfermé dans un lieu clos. Au début du livre, bien qu'il ait une certaine liberté de mouvement, vous ne devrez lire que la description des salles auxquelles il a accès. Auxquelles *vous* avez accès !

Si l'une d'elles est bloquée par un obstacle, une porte fermée, un ennemi que vous n'avez pas vaincu, ou toute autre raison, vous ne pouvez pas en lire la description. Laissez-vous guider par les indications. Si vous avez un doute, le texte vous rappellera si vous pouvez poursuivre votre exploration ou, au contraire, ce qu'il vous faut pour pouvoir avancer. N'oubliez pas que vous disposez aussi d'un plan ! Du coup, si vous souhaitez vous rendre dans une pièce accessible et qu'il faut pour cela traverser une autre pièce, commencez par cette dernière. Vous ne pouvez pas passer au travers des murs et vous risqueriez de manquer un élément intéressant. Dans les salles que vous pouvez visiter, la description s'organise toujours de la même façon : le titre de la salle, un symbole descriptif, puis le détail de ce que le narrateur peut voir en essayant d'entrer dans la pièce et en explorant sommairement les lieux.

Certains lieux sont tellement vastes ou tellement détaillés qu'ils sont découpés en sous-paragraphes (ainsi, la salle 12 sera découpée en paragraphes 12 et 12bis par exemple). Si vous avez pu lire la première partie d'un lieu, c'est que vous avez pu y entrer sans encombre ou en résolvant une énigme. Vous pouvez donc lire la section bis, sauf indications contraires.

Enfin, après ces descriptions, vous trouverez trois paragraphes numérotés I, II et III. Ces paragraphes ne doivent être lus que si on vous indique clairement de vous y rendre. Ils contiennent des éléments supplémentaires sur la pièce que vous explorez mais que vous ne pouvez découvrir que dans certaines situations, si vous avez résolu des énigmes ou accompli certaines actions.

Comment savoir si vous pouvez lire ces paragraphes ? Le plus souvent, en résolvant une énigme, vous serez invité à vous rendre à l'un de ces paragraphes de la manière suivante : « Je me rends en -III ou en 12-III. » Dans cet exemple, vous êtes invité à lire le contenu du paragraphe III de la salle  ou de la salle 12.

## TROUVER DES OBJETS ET LES UTILISER

Au fur et à mesure de votre progression, vous serez amené à trouver des objets. Certains seront très utiles, d'autres beaucoup moins. Ces objets sont appelés des « trouvailles ». Ils sont tous décrits dans les annexes. Bien entendu, vous ne devez consulter la description d'une trouvaille que si vous l'avez effectivement récupérée dans l'une des salles. Prenez le temps de lire la description. Elle contient parfois des informations que vous ne trouverez nulle part ailleurs. Il arrive même que la trouvaille soit décrite avec un symbole.

Les objets permettent de résoudre certaines énigmes et de vous défendre. Car les couloirs du musée ne sont pas sûrs, loin de là, le lecteur est encouragé à trouver des armes pour poursuivre son aventure sereinement.

Parfois, ces objets peuvent être combinés entre eux ou utilisés dans une salle, sur un élément de décor, ou dans une situation particulière. C'est le mécanisme des combinaisons. Est-ce que cette clé ouvre cette porte ? Est-ce que je vais parvenir à forcer ce coffre avec mon couteau ? Les combinaisons sont là pour répondre à ce type de question.

Pour savoir si une combinaison fonctionne, vous devez assembler les symboles des objets que vous souhaitez utiliser et des lieux où vous souhaitez le faire et vous reporter aux combinaisons, p. 226. Si vous y trouvez votre combinaison, c'est qu'il va se passer quelque chose. Lisez alors l'effet produit. Si vous avez été malin et que cette combinaison est possible, on vous dira de vous rendre à un endroit précis pour découvrir le résultat.

Enfin... il se peut aussi que l'effet produit ne soit pas tout à fait conforme à vos attentes... Vous saurez vite si c'est le cas et vous devrez en assumer les conséquences.

## UTILISER DES CODES POUR OUVRIR DES PORTES

À de nombreuses reprises, vous pourrez vous retrouver confronté à une porte à code ou mot de passe bloquant le passage. Souvent, vous devrez trouver un indice ou résoudre une énigme pour trouver la solution. Une fois que vous êtes sûr, ou presque sûr, de disposer du bon code pour ouvrir la serrure, vous pouvez vous rendre dans les combinaisons, p. 226, muni du symbole du lieu, de celui de l'énigme et de votre code.

☛ Si vous n'y trouvez pas votre combinaison, c'est que celle-ci ne marche pas. Point. Vous vous êtes fourvoyé. Ce n'est pas grave, vous avez le droit à une seconde chance.

- ☛ Si vous y trouvez votre code accompagné du symbole de la salle dans laquelle vous utilisez le code, vous vous êtes montré remarquablement finaud, bravo ! Vous avez le bon code. Savourez votre victoire en lisant l'indication qui vous est donnée plus bas dans la page.

- ☛ Si vous y trouvez votre code mais accompagné d'un symbole différent de celui de la salle où vous vous trouvez, désolé, mais cela ne fonctionne pas. Il vous faut ravaler votre fierté et essayer autre chose.

ATTENTION : un code ne peut servir à ouvrir qu'une seule serrure, qu'un seul cadenas ou coffre.

PETIT AVERTISSEMENT : n'essayez pas n'importe quel code à n'importe quel moment. Certains pourraient avoir des conséquences... disons... fâcheuses.

## AUTRES RÈGLES DU JEU

Vous aurez sans doute l'occasion de rencontrer d'autres personnages au cours de votre exploration, amicaux ou hostiles. Dans ces situations, vous serez invité à lire des règles supplémentaires sur la façon d'entamer un dialogue (quand cela se passe bien) ou de mener un combat (quand cela se passe mal).

Ah et... une dernière chose, ce livre est un lieu dangereux et il se pourrait bien que le narrateur y laisse sa peau.

Ne vous inquiétez pas. On vous dira en temps voulu comment faire avec la mort...

Bon : il est temps d'y retourner, non ? Un petit conseil pour la route : faites attention aux détails et notez tout ce qui vous semble intéressant. Les annexes sont là pour vous aider : tenez vos notes à jour !

**Bonne chance !**

# Documents divers

## LE COLLIER

Le collier de la reine égyptienne Iâhhotep, fait d'or, de perles et de pierres précieuses. Un trésor unique.

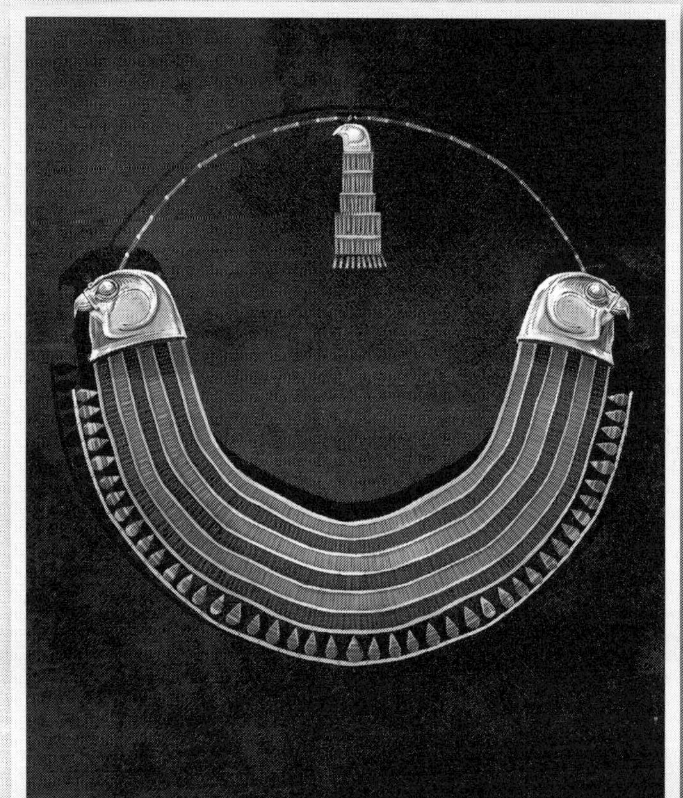

# LE JOURNAL

M. Henri Zigler est un personnage excentrique.
Il possède plusieurs curiosités artistiques et historiques très connues. Il essaierait même de racheter l'obélisque de la place de la Concorde, à Paris ! Parmi ses plus étonnantes propriétés, cet humble fils de marchand qui a prospéré grâce à des domaines aussi différents que l'art ou la pharmacopée nous fait les honneurs de son musée égyptien.
M. Zigler nous a reçus dans son bureau après une visite exceptionnelle. Il est important de préciser que le lieu est totalement privé et ne dévoile ses secrets qu'à des invités de marque du beau monde. Inutile de vous présenter devant les puissantes portes, elles resteront fermées. Forts heureux du privilège qui nous était donné, nous avons pu nous extasier devant l'allée des sphinx et ressentir les frissons des archéologues à l'intérieur de la pyramide intégralement reconstituée qui aurait pu être le clou de la visite. Mais c'est l'éblouissant collier de la reine Iâhhotep qui nous a laissé le souvenir le plus impérissable. Il est tellement précieux que le propriétaire du musée le dissimule et ne le dévoile que lorsqu'il accueille des visiteurs. Sûr de son système

de sécurité, notre hôte nous a annoncé de manière énigmatique qu'il était « à la fois à la pointe du modernisme et terriblement ancien ». Et de rajouter que « Personne n'arrivera jamais à me dérober le collier de la reine ». Quand nous évoquons la possibilité que quelqu'un pourrait réaliser le casse du siècle, le collectionneur s'emporte et « souhaite bien du plaisir à qui s'y frotterait ».
Autour d'un thé exotique aux parfums d'Orient, le passionné nous a confié que sa vie était relativement simple malgré son immense fortune. Il a beau parcourir le monde en tous sens pour dénicher de nouvelles merveilles, il profite aussi de son temps libre. Grand amateur de pêche, son coin favori (et même magique pour ne pas revenir bredouille, nous a-t-il assuré) se trouve sur l'étang des *cinq* moineaux, près de Marcueil-le-Roy. Quand il ne taquine pas le goujon, il aime à chasser la perdrix. Peu avare en secrets, il recommande le fusil à *deux* canons plutôt que le fusil sportif habituellement utilisé. M. Zigler n'a pas d'héritier mais reste en contact avec toute sa famille. Il aime à rire aux éclats avec ses *cinq* cousins lors des fêtes de fin d'année, période qu'il passe en France aussi souvent qu'il le peut. De nombreuses peintures ornent son bureau, quand nous lui faisons remarquer, il avoue passer *trois* heures tous les soirs sur ses toiles ou sur les miniatures de mécanismes antiques qui accaparent toute une étagère.
L'homme est vraiment très occupé, mais nous raccompagne tout de même en personne jusqu'à la porte. Ce fut une rencontre étonnante et nous garderons un souvenir chaleureux du personnage et émerveillé de son musée.

R. T.

## LES DIVINITÉS ÉGYPTIENNES

Le panthéon des divinités de l'Égypte compte plus d'un millier de noms. Comme dans toute culture polythéiste, chaque dieu est assigné à une tâche, un aspect de la vie ou un symbole. On retrouve ainsi des divinités funéraires, des personnifications de phénomènes naturels ou de concepts abstraits, des ancêtres déifiés, des divinités étrangères importées, reconnues dans tout le pays ou simplement dans une petite région.

Les anciens Égyptiens montraient une préférence pour des formes mêlant un corps humain à une tête animale, ou vice versa. Ce grand panneau illustré comporte la signature de l'artiste. À bien y regarder, il s'agit en fait d'une toute petite phrase : « Le numéro de chaque dieu correspond à la lettre à retenir dans son nom, soyez certain qu'il ne vous en manque pas sinon la réponse sera incomplète et probablement fausse. »

HORUS
SET
THOTH
KHNUM
HATHOR
SOBEK
RA
AMON
PTAH
ANUBIS
OSIRIS
ISIS

# Trouvailles dans le musée

**[X] Corde fine** [redacted]

**[X] Couteau à virole**

Peut servir d'arme si le besoin s'en fait sentir.

**[X] Plan du musée**

Voir le plan en p. 16.

**[X] Lanterne**

En plus d'éclairer la route à prendre, la lanterne peut servir d'arme improvisée.

**[X] Allumettes**

**[X] Boussole**

**[X] Journal du jour**

Voir dans les documents divers des annexes le paragraphe « Le journal », p. 217.

**[ ] Bague portant un scarabée bleu et doré**

## ❑ Collier en métal précieux à motif floral

## ❑ Bracelet rouge et bleu

## ❑ Courrier de M. Henri Zigler

Sur l'enveloppe, on peut découvrir une partie d'un cadre, déchiré par le milieu :

## ❑ Clé n° 394

Une clé en bronze gravée d'un 5, une étiquette portant le n° 394 y est attachée.

## ❑ Clé n° 147

Une clé en bronze gravée d'un 7 dans un écrin et portant une étiquette l'identifiant comme l'élément n° 147.

## ❑ Clé n° 325

Il s'agit d'une clé en bronze gravée d'un 8 et une étiquette indique qu'il s'agit de l'élément n° 325.

## ❑ Clé n° 256

Une clé en bronze, gravée d'un 1 et identifiée par le n° 256.

## ❑ Clé n° 756

Une clé en bronze, le chiffre 2 y est gravé alors qu'une étiquette indique le n° 756.

## ❑ Clé n° 246

Une clé en bronze. Elle est gravée d'un 3 et une étiquette portant le n° 246 y est attachée.

## ❑ Clé n° 113

Une clé en bronze gravée d'un 4 portant une étiquette où il est inscrit n° 113.

## ❑ Clé n° 697

Une clé en bronze. Elle est gravée d'un 6 et cette fois encore porte une étiquette où il est inscrit « n° 697 ».

## ❑ Sacs de sable

Le **lourd contenant** est marqué d'un symbole pour l'intégrer au décor égyptien : . Il peut servir d'arme improvisée, lente mais efficace.

## ❑ Canope à tête de bélier de la salle des animaux

Le vase mortuaire de petite taille est sculpté et porte un numéro inscrit dans un losange sous sa base : 5.

## ❑ Canope à tête de faucon de la salle des animaux

Le vase mortuaire de petite taille est sculpté et porte un numéro inscrit dans un losange sous sa base : 3.

## ❑ Canope à tête d'homme de la salle des animaux

Le vase mortuaire de petite taille prend la forme d'un buste sculpté qui porte une couronne ornée de deux grandes plumes stylisées et un numéro inscrit dans un losange sous sa base : 3.

## ❑ Canope à tête de faucon de la salle des poteries

Le vase mortuaire de petite taille est surmonté d'un disque sur lequel s'accroche un cobra et porte un numéro inscrit dans un losange sous sa base : 2.

## ❑ Canope à tête de femme de la salle des poteries

Le vase mortuaire de petite taille prend la forme d'un buste sculpté portant de fines cornes encadrant un disque solaire, ainsi qu'un numéro inscrit dans un losange sous sa base : 6.

## ❑ Canope à tête de chacal de la salle des poteries

Le vase mortuaire de petite taille est sculpté et porte un numéro inscrit dans un losange sous sa base : 2.

## ❑ Collier de la reine Iâhhotep

Le superbe collier vaut une fortune, je l'emballe précautionneusement dans un foulard de soie.

## ❑ Collier russe

Un superbe collier de manufacture russe. Il est en argent et comprend trois diamants d'une taille respectable. Il est gravé d'un symbole : ϖ.

## ❑ Canne lestée

Cette canne de combat a été oubliée par un gentleman sportif, un membre du personnel du musée. C'est une arme qui peut faire la différence en cas d'agression.

## ❑ Barre d'acier

Recourbée, cette tige de métal est rangée derrière une des vitrines. Elle pourrait faire office de grappin comme d'arme improvisée.

## ❑ Masse

Le lourd instrument est destiné à démolir les murs, il a probablement servi il y a peu.

## ❑ Aviron

Une pagaie de belle taille sculptée dans un bois sombre, dont je ne parviens pas à identifier l'essence. Cela ferait une arme intéressante.

## ❑ Grappin L

# Combinaisons dans le musée

 α 5 : rendez-vous au paragraphe 15-II.

 α E : rendez-vous au paragraphe 15-III.

 β  : rendez-vous au paragraphe 4-II.

 β  : rendez-vous au paragraphe 4-III.

 χ inversé : rendez-vous au paragraphe A à la fin de cette liste.

 χ berne : rendez-vous au paragraphe 8-II.

 χ semble : rendez-vous au paragraphe 8-III.

 δ 8 : rendez-vous au paragraphe 9-II.

 δ 325 : rendez-vous au paragraphe 9-II.

 δ 6 : rendez-vous au paragraphe 9-III.

 δ 256 : rendez-vous au paragraphe B à la fin de cette liste.

ε ξ : rendez-vous au paragraphe C à la fin de cette liste.

ε esquive : rendez-vous au paragraphe D à la fin de cette liste.

ε bijou : rendez-vous au paragraphe 12-III.

φ marron : rendez-vous au paragraphe E à la fin de cette liste.

φ vert : rendez-vous au paragraphe 16-III.

φ Amon : rendez-vous au paragraphe F à la fin de cette liste.

φ losange : rendez-vous au paragraphe 16-II.

γ yeux : rendez-vous au paragraphe 5-II.

γ eyfag : rendez-vous au paragraphe 5-III.

γ feux : rendez-vous au paragraphe G à la fin de cette liste.

ι ÉVITEZ HATHOR : rendez-vous au paragraphe H à la fin de cette liste.

ι OSEZ OSIRIS : rendez-vous au paragraphe 17-III.

ι DEUXIÈME BAS : rendez-vous au paragraphe 17-II.

ϱ φ eau : rendez-vous au paragraphe I à la fin de cette liste.

ϱ φ cailloux : rendez-vous au paragraphe K à la fin de cette liste.

ϱ φ vin : rendez-vous au paragraphe 18-II.

ϱ φ sable : rendez-vous au paragraphe L.

ϱ φ grains : rendez-vous au paragraphe 18-III.

λ 325 : rendez-vous au paragraphe 19-II.

λ 0000 : rendez-vous au paragraphe M à la fin de cette liste.

λ 5253 : rendez-vous au paragraphe 19-III.

θ —•— 17 : rendez-vous au paragraphe 4 *bis*-III.

θ —•— 8 : rendez-vous au paragraphe 4 *bis*-II.

μ 24 : rendez-vous au paragraphe O à la fin de cette liste.

μ 48 : rendez-vous au paragraphe 27-II du ventre de la pyramide.

Mine : rendez-vous au paragraphe 13-II.

 : rendez-vous au paragraphe 13-III.

 : rendez-vous au paragraphe Q.

 : rendez-vous au paragraphe 12-II.

 147 : rendez-vous au paragraphe J à la fin de cette liste.

 : rendez-vous au paragraphe N à la fin de cette liste.

 : rendez-vous au paragraphe P à la fin de cette liste.

**A.** Inversée ? Mais en quoi cela peut-il bien m'aider ? Je me creuse la cervelle un instant, en commençant à me dire que je me suis peut-être trompé, quand cela me saute enfin aux yeux : la porte est maintenue par des charnières de chaque côté, elle peut s'ouvrir en poussant sur la poignée ou en poussant à l'opposé. La plupart des gens vont tomber dans le piège s'ils ne sont pas prévenus ou vigilants. Il suffit d'ouvrir le battant à l'inverse de celui qui est évident, afin de ne pas déclencher le piège. La porte pivote facilement et je peux me rendre en salle 8 et lire la description de la pièce sans restriction.

**B.** Je fais jouer la clé de bronze et puis, tout à coup… je poursuis ma lecture au chapitre « L'après-vie », paragraphe A, p. 271.

**C**. Ce canope n'a rien à faire dans cette salle réservée aux bijoux et il est à portée de main. Je tente de le soulever mais n'y parviens pas, il s'avère fixé sur une charnière et je finis par réussir à le faire basculer. La dalle de pierre remonte et se remet en place. Je m'éloigne ventre à terre, inutilement, car le piège est bien réamorcé. Je contourne très largement l'emplacement du piège avant de m'accorder le temps de fouiller la pièce. Je peux me rendre en 12-11 pour explorer les lieux comme il se doit.

**D**. J'essaie d'esquiver le piège et termine criblé de flèches. Je poursuis ma lecture au paragraphe B du chapitre « L'après-vie », p. 271.

**E**. C'est bien ça, en prenant la lettre du nom du dieu indiquée par le nombre sous le canope, j'obtiens de quoi composer le mot MARRON. En regardant les losanges de couleur de la porte de plus près, je m'aperçois que deux des marron peuvent s'enclencher. Je les active ensemble et la porte s'élève dans un grondement qui impose le respect. Elle doit peser des tonnes et je n'ai absolument aucune idée du fonctionnement du mécanisme qui se cache dans les murs. Sans doute un contrepoids. Je peux me rendre en salle 16 et lire la description de la pièce sans restriction.

**F**. Je n'ai aucune idée de la façon d'ouvrir cette porte !

**G**. Je cherche un flambeau à actionner ou un autre mécanisme caché mais ne trouve rien.

H. OK, mais si j'évite Hathor, cela me laisse tout de même encore sept autres serrures sur les bras ! Je vais y réfléchir un peu.

I. Je vide la jarre et répands l'eau sur le sol. La dalle remonte d'un cran et le mécanisme se déclenche. Non pas celui de l'ouverture de la porte toutefois, mais un système de soufflet qui me projette une poudre en plein visage. Je perds le souffle et tombe à genoux tant l'effort pour respirer est grand. Heureusement, au bout de quelques minutes d'angoisse, je suis à nouveau capable de respirer normalement. Dorénavant, si je peux accéder à tout le descriptif d'une pièce, je continuerai ma lecture immédiatement avec l'option I (et seulement l'option I). Cet effet ne se dissipera pas avant la fin de mon exploration du musée et sera applicable pour absolument toutes les salles de cette partie I.

J. Ce n'est pas du tout la bonne clé. Les clés de bronze sont bien trop grosses.

K. Je bascule la jarre et laisse s'écouler les petits cailloux. Il ne se passe rien, absolument rien. Je n'ai plus qu'à trouver une autre option.

L. Je répands le sable sur le carrelage et repose la jarre en place. La différence de poids déclenche un dispositif et j'entends nettement les roues et les cordes agir dans les murs. La porte s'ouvre en grinçant légèrement, c'était bien ça ! Je peux me rendre en salle 18 et lire la description de la pièce sans restriction.

M. Rien ne se passe, cela ne doit pas être le bon code.

N. À bien y regarder, quelque chose cloche avec ce collier, il est étrangement léger. Je le compare à la photo que j'ai amenée et constate que le faussaire n'a pas bien fait son travail. Flûte ! Par tous les dieux des voleurs ! C'est un faux ! Je n'ai plus qu'à reprendre mes recherches. Moi qui pensais toucher au but, Zigler commence à m'énerver.

O. Je ne trouve rien de particulier sur cette porte, je ne sais pas du tout comment entrer.

P. À l'aide du grappin et de la corde, je peux escalader ce puits abrupt. Pour continuer mon ascension du puits vertical, je me rends à la partie « Dans le ventre de la pyramide », au paragraphe 15-III pour monter ou 6 pour descendre, p. 123.

Q. J'actionne la poignée deux fois et un mécanisme me projette une poudre en plein visage. Une quinte de toux incontrôlable m'empêche de m'apitoyer sur mon sort, car il est évident que je n'ai pas trouvé la bonne solution. Au bout de quelques minutes, je suis à nouveau capable de respirer normalement. Dorénavant, si je peux accéder à tout le descriptif d'une pièce, je continuerai ma lecture immédiatement avec l'option I (et seulement l'option I). Cet effet ne se dissipera pas avant la fin de mon exploration du musée et sera applicable pour absolument toutes les salles de cette partie I.

# Combinaisons pour explorer le ventre de la pyramide

| | | |
|---|---|---|
|  |  | 1-I |
|  |  | 1-II |
|  |  | 1-III |
|  |  | 2-I |
|  |  | 2-II |
|  |  | 2-III |
|  |  | 3-I |
|  |  | 3-II |
|  |  | 3-III |
|  |  | 4-I |
|  |  | 4-II |

| | | |
|---|---|---|
|  |  | 5-I |
|  |  | 5-II |
|  |  | 6-I |
|  |  | 6-II |
|  |  | 6-III |
|  |  | 7-I |
|  |  | 7-II |
|  |  | 8-I |
|  |  | 8-II |
|  |  | 8-III |
|  |  | 9-I |
|  |  | 9-II |
|  |  | 10-I |
|  |  | 10-II |

| | | |
|---|---|---|
|  |  | 11-I |
|  |  | 11-II |
|  |  | 11-III |
|  |  | 12-I |
|  |  | 12-II |
|  |  | 13-I |
|  |  | 13-II |
|  |  | 14-I |
|  |  | 14-II |
|  |  | 14-III |
|  |  | 15-I |
|  |  | 15-II |
|  |  | 16-I |
|  |  | 16-II |

| | | |
|---|---|---|
|  |  | 16-III |
|  |  | 17-I |
|  |  | 17-II |
|  |  | 17-III |
|  |  | 18-I |
|  |  | 18-II |
|  |  | 19-I |
|  |  | 19-II |
|  |  | 20-I |
| 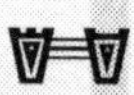 |  | 20-II |
|  |  | 21-I |
|  |  | 22-I |
|  |  | 23-I |
|  |  | 23-II |

| | | |
|---|---|---|
|  |  | 23-III |
|  |  | 24-I |
|  |  | 25-I |
|  |  | 25-II |
|  |  | 26-I |
|  |  | 26-II |
|  |  | 27-I |
|  |  | 28-I |

# Combinaisons du bal

Pour résoudre les énigmes posées par les danseuses, il me suffit d'associer le symbole du couple qui m'a posé la question à la réponse que je pense juste, puis de suivre les indications.

 solstice : rendez-vous au couple 1-II.

 j : rendez-vous au couple 1-III.

 lion : rendez-vous au paragraphe A à la fin de cette liste.

 coq : rendez-vous au couple 2-II.

 vache : rendez-vous au couple 2-III.

 hier : rendez-vous au couple 3-II.

 la mort : rendez-vous au paragraphe B à la fin de cette liste.

 aujourd'hui : rendez-vous au couple 3-III.

 R : rendez-vous au paragraphe C à la fin de cette liste.

un : rendez-vous au couple 4-II.

et : rendez-vous au couple 4-III.

honneur : rendez-vous au couple 5-II.

dos : rendez-vous au couple 5-III.

chaussures : rendez-vous au paragraphe D à la fin de cette liste.

timbre : rendez-vous au couple 6-II.

mot : rendez-vous au couple 6-III.

rôle : rendez-vous au paragraphe E à la fin de cette liste.

Sans façon : rendez-vous au paragraphe F à la fin de cette liste.

Je n'ai pas faim : rendez-vous au couple 7-II.

Charmante : rendez-vous au couple 7-III.

300 : rendez-vous au couple 8-II.

I : rendez-vous au paragraphe G à la fin de cette liste.

0 : rendez-vous au couple 8-III.

gentil : rendez-vous au paragraphe H à la fin de cette liste.

beau : rendez-vous au couple 9-II.

mignon : rendez-vous au couple 9-III.

7/10 : rendez-vous au paragraphe I à la fin de cette liste.

compote : rendez-vous au couple 10-II.

10 moitiés : rendez-vous au couple 10-III.

école : rendez-vous au couple 11-II.

réservoir : rendez-vous au couple 11-III.

manoir : rendez-vous au paragraphe J à la fin de cette liste.

évident : rendez-vous au couple 12-II.

devient : rendez-vous au couple 12-III.

mot : rendez-vous au paragraphe K à la fin de cette liste.

9 vendredi : rendez-vous au paragraphe L à la fin de cette liste.

9 lundi : rendez-vous au couple 13-II.

9 mur : rendez-vous au couple 13-III.

 moi : rendez-vous au couple 14-II.

 je m'amuse : rendez-vous au couple 14-III.

 hésitation : rendez-vous au paragraphe M à la fin de cette liste.

 pentagramme : rendez-vous au couple 15-II.

 deux triangles : rendez-vous au couple 15-III.

 astérisque : rendez-vous au paragraphe N à la fin de cette liste.

9 ϖ ψ : rendez-vous au paragraphe O à la fin de cette liste.

ϖ  : rendez-vous au paragraphe P à la fin de cette liste.

9  ψ : rendez-vous au paragraphe Q à la fin de cette liste.

**A.** « Ce n'est pas la bonne réponse, bel écervelé. Je vais conserver mon jeune partenaire encore une danse de plus ! »

**B.** La mort est demain, soit, ce n'est guère joyeux, mais bon, la Faucheuse nous menace tous. Mais alors, la mort sera hier ? Cela n'a pas de sens. La danseuse refuse d'ailleurs ma réponse avec un gros soupir.

**C.** La belle danseuse éclate de rire et m'ignore, cela ne doit pas être la bonne réponse.

**D.** Évidemment, ce sont les chaussures, que l'on porte et qui nous portent ! Ma future cavalière éclate de rire avec moi et me tend la main. Nous faisons une petite révérence et commençons à tourner. Je ne suis guère à l'aise dans les voltes, bien moins bon que mon prédécesseur, mais je fais au mieux. Les mouvements énergiques de la chorégraphie me permettent facilement d'examiner le collier de ma partenaire et de me mordre les doigts. C'est une copie ! Je n'ai plus qu'à jeter mon dévolu sur une autre belle...

**E.** C'est bien sûr le mot RÔLE, qui devient drôle quand on ajoute un D ! La danseuse au masque de déesse accepte ma réponse avec un sourire, même si son cavalier ne me cède sa main qu'à regret. La belle virevolte avec plaisir et me montre son faux collier à chaque ronde. Ce n'est pas mon élue, je continue de chercher...

**F.** Ma réponse ne plaît guère et je n'ai pas le temps d'en formuler une autre. Le fumeur est de retour et son épouse me désigne dans la foule. Tout s'arrête quand je suis démasqué par l'homme en colère et que M. Zigler appelle deux des invités à se saisir de moi, car il m'accuse tout naturellement de cambriolage. La police intervient rapidement, je me rends au paragraphe « La police », p. 275, pour poursuivre ma lecture.

**G.** La logique est pourtant simple et implacable, dès la première goutte, une coupe n'est plus vide. Donc on ne peut mettre qu'une seule goutte dans une coupe vide. Ma nouvelle cavalière jubile et prend congé de son scarabée aussi poliment que possible. Alors qu'elle semble enchantée d'être dans mes bras, pour ma part, je déchante : le collier qu'elle porte est un faux...

**H.** Ma proposition choque le couple de danseurs. « Mais non, voyons ! » affirme la cavalière. Son partenaire, méfiant, enlève son masque et m'invite à en faire autant. C'est le directeur du musée en personne ! J'imagine qu'il connaît parfaitement le visage de chacun de ses invités et mon refus timide de me dévoiler ne fait qu'attiser ses soupçons. D'un geste vif, il arrache ma dernière protection et toute la foule retient son souffle : je suis un inconnu au milieu de célébrités, il ne faut qu'un instant pour que tous comprennent que je suis là dans un but malhonnête. On me saisit et on me remet à la police bien vite. Il faut noter qu'un juge fait partie des invités... Je me rends au paragraphe « La police », p. 275, pour poursuivre ma lecture.

I. « C'est bien trop difficile de couper des pommes en telles fractions, dit la danseuse en riant. Essayez autre chose ! »

J. Tout simplement, le lieu est une anagramme du prénom de la personne et Marion donne « manoir » ! La blanche danseuse accepte ma main gracieusement et nous entamons une nouvelle valse. Un simple coup d'œil à son cou me permet de constater que le collier que porte ma partenaire n'est qu'une maladroite copie.

K. Ma proposition ne plaît guère à la déesse. « *Qui êtes-vous ?* » demande-t-elle subitement. J'improvise une réponse qui ne la convainc pas. Elle élève la voix pour interpeller M. Zigler, qui enlève son masque et vient répondre à son invitée. Voyant que le directeur a rompu la danse, toute la salle se fige et l'orchestre se tait. Mon hôte insiste pour que j'ôte mon déguisement. J'hésite, car j'imagine qu'il connaît parfaitement le visage de chacun de ses invités. Je cède devant son insistance et aussi, tout simplement, parce que je me vois incapable de fuir une foule aussi compacte. Tous retiennent leur souffle : je suis un inconnu au milieu de célébrités, sans doute présent dans un but malhonnête. Pris en charge par les plus solides gaillards de l'assistance, on finit par me remettre à la police. Je me rends au paragraphe « La police », p. 275, pour poursuivre ma lecture.

L. « Hélas non, mon gentil monsieur, ce n'est la réponse que j'attendais. » Un couple voisin, dont le cavalier ne quittait pas des yeux mon interlocutrice, rompt tout à coup la danse et vient sur moi, en colère. Ce n'est pas la première fois que ce dernier éloigne un prétendant d'un froncement de sourcils ou d'un mouvement de tête, mais il n'a pas eu le temps de réagir pour moi et il a décidé que la coupe était pleine. Il dévoile son visage d'un geste vif et je reconnais le directeur des lieux. D'un mouvement tout aussi rapide, il me démasque et tout s'arrête. Danseurs, musique et mon petit jeu de cache-cache. M. Zigler comprend immédiatement que je suis sur un mauvais coup, ne serait-ce que pour être entré par effraction et avoir usurpé l'identité d'un de ses invités de marque. Plusieurs hommes s'emparent de moi et me retiennent jusqu'à ce que la police intervienne. Je me rends au paragraphe « La police », p. 275, pour poursuivre ma lecture.

**M.** « Et non, mon bon monsieur, n'hésitez pas à me donner une bonne réponse ! Voulez-vous que je vous donne à nouveau l'énigme ? » Je m'excuse d'un sourire poli et reprends les rondes avec ma cavalière du moment, alors que je cherche quelle peut bien être la solution.

**N.** « C'est exactement ça ! En dessinant les cinq branches d'une étoile et à raison de deux arbustes par branche, on obtient cinq lignes de quatre plantes. Je dois bien reconnaître que les lignes ne sont pas des droites parfaites, mais cela ne vous a pas empêché de résoudre l'énigme, bravo ! » Devant les regards envieux des autres invités, j'entreprends de faire danser la jeune femme à la robe si vaporeuse. Son cou délicat porte la seule chose qui m'attire en elle, le collier. Hélas, ce n'est pas LE collier, mais une simple copie.

**O.** Ce que j'ai à faire est triste, mais je n'ai pas d'autre solution. Je montre à Natalia le collier que j'ai subtilisé dans son casier et lui demande de ne pas attirer l'attention sur nous, sinon elle ne le reverra jamais. Elle comprend immédiatement que je suis à la recherche du trésor du musée, le bijou de la reine Iâhhotep. Je lui propose un échange auquel elle finit par consentir, non sans peine. Les larmes inondent son visage quand elle détache sa précieuse parure. Ses sentiments sont mitigés, en acceptant, elle perd la confiance de son employeur, son amour peut-être aussi, certainement son poste, mais elle sauve l'honneur et le trésor de sa famille.

« Je vais partir maintenant, dès que je serai assez loin, appelez à l'aide et dites que je vous ai dérobé le collier par la force. Je suis Arsène Lupin, à votre service. Je vous en conjure, accusez-moi, madame, sauvez votre nom. »

À peine ai-je le précieux objet en poche que je saute la balustrade de pierre et dévale le toit vers la rue. Comme convenu, elle se met à hurler « Au voleur ! » pour sauver les apparences et j'entends la foule des invités se ruer sur le balcon.

Je me rends à l'« Épilogue », p. 282, pour terminer ma lecture.

**P.** Et que puis-je réellement faire avec ce collier ici ? Pas grand-chose en fait...

**Q.** Natalia est totalement séduite par mes manières et je tente le tout pour le tout. Je lui propose un échange de colliers, son trésor contre une copie. Je lui vante tous les atouts de cette astuce : personne ne pourra jamais apprendre quand et par qui le remplacement a été fait, personne ne pourra accuser la jeune femme d'être coupable ou même complice. Elle n'aura qu'à prétendre ne s'être jamais rendu compte de rien pour que même son employeur ne puisse rien. Après de nombreux échanges et promesses, elle finit par accepter malgré elle de me remettre le bijou de la reine Iâhhotep. Avec une courbette élégante, je prends congé et saute sur la balustrade de pierre sous le regard ébahi des invités qui venaient nous rejoindre sur le balcon. Je me rends à l'« Épilogue », p. 282, pour terminer ma lecture.

# Combats

Afin de déterminer comment le combat se déroule, je choisis une ar en ma possession et je vais consulter les résultats proposés face à m adversaire. Les résultats des combats sont indiqués à la fin de chapitre et chaque sous-paragraphe donne conséquences de l'affrontement et ce qui se pa ensuite. Si le combat n'est pas terminé, je pe changer d'arme pour une autre en ma possessi mais je dois continuer à me battre. La plupart temps, un affrontement commencé se pours jusqu'à la mort d'un des belligéra Autant bien choisir avec quel équi ment je vais combattre !

Si je ne possède pas d'autre arme que ce que j'ai en main ou aucune autre qui permette de gagner le combat, je dois f et quitter la pièce. Je peux toujours reve plus tard, mieux équipé. Rendez-vous dans salle déjà visitée la plus proche pour partir quête d'un meilleur équipement.

| | Couteau à virole | Lanterne | Canne lestée | Sacs de sable | Barre d'acier | Masse | Pistolet du garde | Aviron |
|---|---|---|---|---|---|---|---|---|
| Garde du musée | F | K | J | K | L | M | C | E |
| Momie | D | F | G | M | T | E | N | O |
| Chat | C | I | N | O | C | N | O | C |
| Soldat égyptien | E | O | L | M | O | C | C | N |
| Statue animée | J | K | J | K | J | M | E | B |
| Henri Zigler | H | F | G | M | B | I | N | C |
| Margaux | I | G | D | H | C | O | O | O |

**A**. L'adversaire évite de justesse mon attaque. Impressionné par ma vitesse de réaction, il hésite un instant avant de revenir à l'assaut. Je ferais bien d'en profiter pour changer d'arme ou fuir.

**B**. Mon arme érafle mon adversaire, qui est surpris par ma vélocité et marque le coup. Il n'est que blessé toutefois, je ne suis pas sûr de pouvoir faire mieux avec cette arme. Je devrais en choisir une autre ou quitter les lieux.

**C**. Le combat est rapide et expéditif, mon adversaire est terrassé et son corps s'effondre, inerte. Je peux explorer les lieux à ma guise.

**D**. Nous sommes de force égale et nous nous observons longtemps en échangeant assauts et esquives dès la première ouverture. Je ferais bien de choisir une arme plus efficace ou m'enfuir.

**E**. Nous « dansons » un moment avant que je saisisse une opportunité et frappe de toutes mes forces. Mon adversaire s'effondre d'un bloc. Je peux explorer les lieux à ma convenance.

**F**. J'échange quelques passes d'armes avec mon adversaire, mais il s'avère bien plus doué que moi. J'encaisse une blessure superficielle, mais qui suffit à me faire réfléchir. Mon arme n'est pas adaptée, je devrai en changer ou prendre la poudre d'escampette et retourner dans la salle explorée la plus proche.

**G**. Impossible de passer la défense de mon adversaire, il est bien trop vif. Il profite même d'une erreur de ma part pour me blesser. Ce n'est pas bien grave, une éraflure tout au plus, mais il est évident que je n'arriverai à rien avec cette arme. Je devrai en changer ou fuir dans la salle explorée la plus proche.

**H**. L'adversaire esquive mon attaque. J'esquive sa riposte. Je n'arriverai à rien avec cette arme, je dois en changer ou rebrousser chemin.

**I**. Nous échangeons attaques mal placées et esquives maladroites. Et puis, finalement, mon adversaire fait une erreur et ouvre sa garde. Mon coup est rapide, précis et implacable. Je peux lire la surprise dans les yeux du malheureux alors que la vie le quitte. Je peux explorer les lieux comme bon me semble.

**J**. Je ne fais pas le poids. Je ne faisais pas le poids, plutôt, car mon adversaire m'a fait passer l'arme à gauche rapidement et proprement. Je me rends dans les annexes, paragraphe C de « L'après-vie », p. 271.

**K**. La surprise est aussi intense que la douleur. Je pensais savoir ce qu'était la souffrance, je découvre qu'une blessure mortelle est bien plus terrible que tout ce que j'ai pu vivre jusqu'à présent. Mes jambes me font défaut, ma vision s'assombrit. Je me rends dans les annexes, paragraphe C de « L'après-vie », p. 271.

**L.** L'adversaire est aussi vif que moi. Seule une autre arme me donnera un atout supplémentaire nécessaire pour vaincre. Je change d'arme ou je fuis.

**M.** Mon arme est d'une lenteur exaspérante. Elle impressionne mon adversaire, bien sûr, car il n'aimerait pas recevoir un coup aussi violent, mais il esquive facilement. Après plusieurs moulinets inutiles, je décide de réviser ma tactique et considère sérieusement un changement d'arme ou un repli vers la salle explorée la plus proche.

**N.** Le combat tourne rapidement à mon avantage et j'expédie mon adversaire dans l'autre monde. Il n'avait aucune chance contre moi. Je peux explorer les lieux à ma guise.

**O.** Je survole l'affrontement aisément et me débarrasse de mon adversaire d'un geste rapide et précis. Je peux explorer les lieux à ma convenance.

# Carton d'invitation au bal masqué

Chers amis,

Vous êtes conviés, ce soir, à l'heure du pharaon, au bal des mille reines. Le loup égyptien est de rigueur et les dames porteront le collier offert lors du dernier bal.

L'entrée à la salle royale, via la porte de la pyramide, ne vous sera octroyée que si vous répondez correctement à l'énigme de Sesotris II : « *La porte ne s'ouvrira que si vous suivez mon masque et comptez les sombres à l'horizontale et les clairs à la verticale.* » µ

Dans l'attente de vous croiser masqués,

Vôtre,

**Henri Zigler**

PS : ma chère Natalia, vous savez quel trésor vous êtes et vous portez.

# Discussions

*Afin de mener la conversation, je choisis une réponse dans la liste proposée et je me rends au paragraphe indiqué. Après une première rencontre, mon interlocuteur ne peut plus être abordé dans l'endroit où je l'ai croisé.*

## MARGAUX

À ma grande surprise, le jeune cambrioleur est une femme. Elle me connaît de réputation, naturellement, elle est évidemment intimidée, je prends donc l'initiative.

« Vous voilà libérée. Que comptez-vous faire à présent ?

– Je n'ai pas encore trouvé d'issue pour quitter cet endroit infernal, je pense que je vais m'atteler à cette tâche. Plus question pour moi de voler ce collier, je tiens à la vie ! »

**Je choisis ma réponse :**

« Jamais je n'abandonnerai ! Allez vous cacher dans un coin sombre si vous le souhaitez, pour ma part je ne ressortirai pas d'ici sans le collier ! » Je me rends en A.

« Avant de partir, peut-être serait-il bon, pour chacun d'entre nous, de partager ce que nous avons découvert de ce musée truffé de pièges ? » Je me rends en B.

« Vous êtes sûre que cela va aller ? » Je me rends en C.

**A.** « Je vous trouve bien présomptueux, le collier n'est pas encore entre vos mains, que je sache. Je ne sais pas ce qui me retient de reprendre la compétition et d'essayer de dérober le bijou sous votre nez ! »

**Je choisis ma réponse :**

« La peur, peut-être ? » Je me rends en D.

« Je ne trouve pas cette aventure fort plaisante et je m'en passerais bien. » Je me rends en E.

« Peut-être pouvons-nous faire équipe ? Nous partagerions les recettes de la vente du collier. » Je me rends en F.

**B.** « Nous avons déjoué, vous comme moi, assez de traquenards pour être prudents à présent et nous serrer les coudes. Je vois que vous avez trouvé énormément de choses, je n'ai que cet élément que vous ne connaissez pas. Il s'agit d'une commande de Zigler à ses ouvriers qui précise que les vitrines de la salle II doivent dessiner une figure, mais il ne dit pas laquelle. Vous pensez que c'est important ? »

**Je choisis ma réponse :**

« Peu importe cette information, je suis Arsène Lupin et je me sors toujours des pires situations. Je résoudrai bien cette énigme de moi-même. » Je me rends en G.

« C'est possible, merci. » Je me rends en H.

« Merci mille fois, je suis certain que cela me sera d'une grande aide. » Je me rends en I.

**C.** « Merci, vous êtes un véritable gentleman. Vous êtes trop gentil, j'avoue que je suis une admiratrice. Je n'aimerais pas vous voir tomber dans un piège de cet endroit infernal, tenez, échangeons les informations que nous avons, je ne suis plus du tout certaine de vouloir tenter l'aventure à présent. »

Je me rends en B pour continuer cette discussion.

**D.** « Vous n'êtes qu'un grossier personnage et sous vos airs d'homme du monde, vous n'êtes qu'un goujat. Je vous laisse les lieux, je vous souhaite de réussir, même s'il ne me déplairait pas de lire demain matin que vous avez été enfin arrêté. N'essayez pas de me suivre, je trouverai bien une sortie par moi-même ! »

Je me rends en J pour continuer cette discussion.

**E.** « J'en ai même plus qu'assez, je jette l'éponge. Vous m'avez énervée, je ne vous salue pas, monsieur. »

Je me rends en J pour continuer cette discussion.

**F.** « Vous vous montrez à la hauteur de votre réputation, monsieur Lupin. Merci, mais je dois décliner votre gentille proposition, je ne peux pas vous faire ombrage. Partageons plutôt les informations que nous avons sur ce lieu. »

Je me rends en B pour continuer cette discussion.

**G.** « J'avais une plus haute opinion de vous, monsieur. Je ne tiens pas à rester une seconde de plus en votre présence. Toute cette affaire m'insupporte, je pars en quête d'une sortie. »

Je me rends en J pour continuer cette discussion.

**H.** « Cela me fait plaisir. Ne soyez pas si guindé, voyons, nous sommes dans le même bateau. J'ai aussi subtilisé ce carton d'invitation à l'assistante de direction, saviez-vous que Zigler organisait un bal masqué ce soir même dans la salle royale ? Prenez-le. Je regrette juste de ne pas vous voir m'inviter à danser ce soir. Mais ce n'est peut-être que partie remise ? Je vous souhaite un bon cambriolage, je vais tenter ma chance et trouver une sortie. À très bientôt. »

Je peux me rendre en p. 253 pour consulter le carton d'invitation, puis en K pour terminer cette discussion.

**I.** « Alors je vous souhaite bonne chance pour réussir ce cambriolage. Pour ma part, j'en reste là. Je vais me concentrer sur une issue. J'espère vous croiser à nouveau un jour. »

Je me rends en K pour terminer cette discussion.

**J.** La jeune voleuse a un sacré tempérament ! Elle me laisse seul et quitte la salle à grandes enjambées qui trahissent sa colère. J'avoue ne pas vraiment m'en inquiéter, j'ai un cambriolage à mener à bien. Je peux retourner en salle 13 et poursuivre ma lecture.

**K.** La jeune femme me laisse. Elle se dirige vers la porte qui mène à la salle des bijoux mais s'arrête un instant pour me jeter un dernier regard radieux avant de disparaître. J'espère sincèrement qu'elle trouvera une issue, car je pourrai emprunter la même, je dois l'avouer. Si nous étions coincés ici jusqu'au petit matin, je pourrais tomber en bien plus mauvaise compagnie ! Allons, j'ai un cambriolage à mener à bien. Je peux retourner en salle 13 et poursuivre ma lecture.

## LA MOMIE

La chair marron de la chose réanimée est dégoûtante et je fais tout mon possible pour rester impassible. Je suis agréablement surpris quand je découvre que la créature s'exprime avec un accent raffiné et que ses manières sont celles d'une grande dame.

« Que faites-vous donc ici, mon cher monsieur ? Votre tenue est d'un goût sûr et vous ne ressemblez pas à un cambrioleur. Qu'est-ce qui vous pousse donc à ôter une clé de la gorge d'une douce demoiselle ? »

**Je choisis ma réponse :**

« Mais quelle horreur ! Vous parlez et vous bougez alors que votre apparence hideuse est celle d'un cadavre millénaire ! Comment est-ce possible ? » Je me rends en A.

« Je suis un amateur d'art, madame. Comment puis-je vous aider ? » Je me rends en B.

« Votre aide me serait précieuse, je me suis égaré de nuit dans cet établissement et j'en cherche la sortie, même si je n'en ai que rarement vu d'aussi beaux ! » Je me rends en C.

**A.** « Mais de quoi parlez-vous, sombre imbécile ? Je ne comprends pas ! »

La momie penche péniblement la tête pour se regarder et émet un hurlement effrayant quand elle se rend compte soudainement de son état. Lorsqu'elle relève les yeux (je veux dire, les orbites vides), je comprends qu'elle est furieuse et désespérée. La momie ignorait qu'elle était morte et je viens de lui en faire prendre conscience de la plus vile des façons. Sans un autre son, elle se jette sur moi dans le but de me faire payer cet outrage. Elle m'étrangle et je ne parviens pas à lui expliquer que je ne suis pour rien dans sa mort ! Je dois me battre, pour cela, je me rends dans les annexes, chapitre « Combats », p. 248.

**B.** « Je crois bien que c'est moi qui peux vous aider, voyez-vous. Que cherchez-vous de nuit dans cet endroit raffiné ? »

**Je choisis ma réponse :**

« Je ne peux vous le révéler, nous ne nous connaissons pas et je dois avouer avoir quelque mal à faire confiance à une momie. » Je me rends en D.

« Je ne cherche que la sortie, car j'ai bien peur de m'être perdu dans cet endroit gigantesque. » Je me rends en E.

« Je ne cherchais qu'un peu de compagnie et vous m'honorez de votre présence royale. Je me nomme Arsène Lupin, à votre service. » Je me rends en F.

C. « Oui, je comprends votre trouble, j'ignore moi-même comment je me suis retrouvée ici. Je me réveille toutes les nuits dans ces salles familières et vaque à mes occupations de princesse, sans jamais sortir. Le maître des lieux est un homme moustachu qui se fait appeler "Monsieur le directeur" par ses esclaves. Il passe de longues heures avec moi, dans cette salle de repos. Je ne bouge pas dans ces cas-là, pour ne pas le déranger. Ses subalternes viennent souvent le voir, il gère ce vaste endroit d'une main de maître, si vous voulez mon avis. »

La momie s'assied sur une vitrine, elle est si légère que le verre soutient son poids aisément. Elle croise les jambes avec difficulté, mais ne montre rien de sa rigidité, son geste est le plus civilisé possible. Elle reprend : « J'ai pu entendre de très nombreuses choses sur ces lieux, il faut dire que je suis ici depuis longtemps, bien avant la fin de la construction et le début des visites. Je suis le joyau de ces lieux, en quelque sorte. »

La chose sourit ou, tout du moins, déforme ses traits pour une grimace moins horrible.

« Ainsi, j'ai appris qu'un passage secret permettait de rallier le tombeau à la salle des vitrines. Monsieur le directeur adore ce genre de petits secrets. Il a aussi installé un piège mécanique dans la salle des bijoux, à destination des cambrioleurs. Mais trêve de parlottes, vous voulez la sortie et je sais où elle se trouve. Je ne vais naturellement pas vous parler de la porte principale, non, je ne vous ferai pas cet affront, mais plutôt de l'entrée des artistes. Cette porte sert également pour les invités voulant se rendre directement dans les étages. Ils sont principalement occupés par des bureaux administratifs et par la salle de bal, ai-je compris. L'accès à partir du musée n'est pas aisé, mais pas impossible, il suffit de traverser le labyrinthe de la pyramide. Je ne peux vous en dire plus, vous me pardonnerez, mes explorations nocturnes ne m'ont jamais conduite aussi loin. »

**Je choisis ma réponse :**

« Merci je vais faire avec. » Je me rends en N.

« Votre grâce est trop bonne de m'honorer ainsi de son savoir. » Je me rends en I.

**D.** « Momie ?! Sombre crétin ! »

Elle se jette sur moi sans ajouter un mot, vexée par cette insulte. Impossible de la raisonner, je dois me battre. Pour cela, je me rends dans les annexes, au chapitre « Combats », p. 248.

**E.** « En êtes-vous bien sûr, mon cher ? N'y a-t-il rien de plus qui vous retienne ici ? »

**Je choisis ma réponse :**

« Vous êtes diablement indiscrète ! » Je me rends en G.

« Je dois avouer que c'est le collier de la reine Iâhhotep qui m'amène ici. » Je me rends en H.

« Je suis également venu pour avoir l'insigne honneur de vous croiser, madame. Vous ignorez à quel point je suis heureux de ce moment passé avec vous. » Je me rends en I.

**F.** « Mon beau monsieur, c'est un honneur, je suis la princesse Hereret, fille d'Hérihor et héritière du trône d'Égypte. Il y a par trop longtemps que je n'avais pas rencontré un aussi charmant visiteur. Peut-être pourriez-vous m'aider, personne ne saurait me dire en quelle année nous sommes. L'empire de mon mari est-il toujours fort ? »

**Je choisis ma réponse :**

« Nous sommes au début du XX^e^ siècle, vous êtes morte depuis presque trois mille ans. » Je me rends en J.

« Je l'ignore, je suis un peu perdu dans le temps moi-même. » Je me rends en K.

**G.** « Et quant à vous, vous êtes particulièrement peu habitué de la société ! Allez offenser quelqu'un d'autre, j'ai mieux à faire que de vous supporter. »

Froissée, la momie me laisse en plan et quitte la salle lentement, son corps émacié et sa démarche difficile faisant un fort contraste avec sa personnalité bien affirmée. Je continue mon aventure en me rendant dans une autre salle accessible à proximité.

**H.** « Par tous les dieux, je vous prenais pour un gentleman, mais vous n'êtes qu'un autre de ces vils cambrioleurs. Moi vivante, vous ne mettrez pas la main sur mes trésors ! »

La momie s'apprête à m'attaquer. Je tente, sans succès, de la ramener à la raison, mais j'ai probablement touché une corde sensible sans le savoir. Sans doute son tombeau a-t-il été pillé et vandalisé par le passé. Je n'ai pas le choix, je dois me battre.

Pour cela, je me rends dans les annexes, au chapitre « Combats », en p. 248.

I. « La beauté d'Hereret a toujours fait battre le cœur des prétendants de tout le pays. Même lorsque j'étais mariée à Piânkh, des aspirants traversaient toute la haute Égypte pour m'offrir des présents, espérant ainsi acheter mon cœur. »

La momie se fait plus séduisante et je frissonne intérieurement devant le cadavre qui prend une pose un peu plus lascive.

« Pouvez-vous me dire en quelle année nous sommes ? Ma mémoire me joue des tours. »

**Je choisis ma réponse :**

« Évidemment, on vous a enlevé la cervelle ! Elle doit être dans un canope, quelque part... » Je me rends en L.

« Vous devez vous douter que de longues années se sont écoulées. Je n'ai pas la force de vous attrister, je me tairai donc, pardonnez-moi. » Je me rends en M.

**J.** La momie se fige. Le peu de vie qui animait le corps semble avoir disparu instantanément. Puis, dans un souffle, elle murmure : « Je suis morte. »

Lentement, elle retourne vers son tombeau et s'allonge silencieusement. La mort reprend ses droits et je n'ai plus qu'une envie : quitter ce lieu maudit. Je contourne le corps immobile et continue ma lecture en me rendant dans une autre salle accessible à proximité.

**K.** « Vous n'êtes pas d'une grande aide et je n'ai jamais vraiment eu l'estomac de supporter les menteurs. Ne tentez pas de le cacher, je peux le lire dans vos yeux. Je comprends la politesse qui vous retient, mais vous auriez pu tourner cela bien mieux. Vous me lassez, passez votre chemin. »

Me voilà proprement congédié, aucun mot ne me vient, alors je me tais. Je continue ma lecture en me rendant dans une autre salle accessible à proximité.

**L.** « Vous êtes un monstre ! »

La momie m'attaque sans prévenir et m'étrangle. Je n'ai pas le choix, je dois me battre. Pour cela, je me rends dans les annexes, au chapitre « Combats », p. 248.

**M.** « Oui, je ne le sais que trop bien. Merci de m'avoir fait oublier ma condition, ne serait-ce qu'un instant. Je vous souhaite de trouver la sortie rapidement. »

Triste au-delà des mots, la momie retourne au tombeau. Il n'y a bientôt plus aucune vie dans le corps décharné. Je continue ma lecture en me rendant dans une autre salle accessible à proximité.

**N.** Ma réponse froide froisse mon interlocutrice. Elle croise les bras non sans peine et détourne la tête pour m'ignorer. Je laisse là la momie solitaire et continue mon aventure en me rendant dans une autre salle accessible à proximité.

# Le collier en main

Je reviens sur mes pas et vérifie toutes les issues à nouveau, sans succès. Aucune porte, aucune fenêtre ne peut être ouverte. Les barreaux qui protègent les lucarnes sont tellement proches les uns des autres que briser une vitre ne me permettrait même pas de me glisser entre eux. Il ne me reste donc plus qu'une option, la verrière de la salle du tombeau.

Je retourne dans le vaste espace pour examiner attentivement la surface vitrée à nouveau. Les arabesques de fer forgé sont placées idéalement pour y faire tenir un cordage, mais le métal semble bien trop faible pour soutenir mon poids. Je n'ai pas trop le choix, me semble-t-il, alors je me lance. Je n'ai pas de grappin, mais un pied de table fera parfaitement l'affaire, j'ai déjà utilisé cette astuce à plusieurs reprises.

Après avoir noué solidement mon filin au projectile improvisé, il me faut tout de même trois essais avant de le voir s'arrimer solidement. Je teste la résistance de l'ensemble et sens que la verrière ploie doucement mais sûrement sous mon poids. Je n'aurai pas de seconde chance, je dois grimper au plus vite et rejoindre le sommet avant que le toit s'effondre ! Je me débarrasse de ma cape et de tout ce qui pourrait m'encombrer et m'alourdir avant de prendre plusieurs grandes inspirations pour préparer mes muscles. Je saute pour attraper le câble le plus haut possible et commence mon ascension aussi vite que je le peux. La verrière souffre sous mon poids et je sens les vibrations jusque dans la corde. Je dois me dépêcher, je redouble d'efforts alors que la douleur me taraude déjà les mains et les bras.

Un grincement menaçant me donne un nouvel élan et je parviens à attraper une poutre d'acier au moment où toute la partie du toit s'effondre, emportant verre, fer forgé et ma corde, dans une pluie infernale qui vient arroser le tombeau, des mètres plus bas. Le vacarme est incroyable. Je me hisse sur le toit, non sans efforts et reprends mon souffle. Je suis libre !

Il ne me faut que deux heures pour retrouver mon acheteur et exhiber fièrement le collier. L'homme, que je soupçonne être mandaté par un musée dont je tairai le nom, n'a pas la réaction que j'espérais. Son froncement de sourcils m'indispose.

Il prend un temps infini à comparer mon collier avec des archives photographiques de la découverte en Égypte. Muni d'une loupe à œil de joaillier, il détaille mon butin en faisant une moue peu rassurante.

« C'est un faux, finit-il par déclarer, je ne suis pas intéressé. »

Un faux ? Je me disais bien que c'était trop simple de trouver ce collier dans une simple poterie... Me voilà fait comme un voleur débutant. Je ne peux pas laisser cette affaire en l'état, j'ai une réputation à tenir, je suis Arsène Lupin, que diable !

Dans ce but, je vais admettre que je ne me suis pas emballé, que j'ai tout de suite vu qu'il s'agissait d'une copie et surtout, que tout cela n'a jamais eu lieu.

Je propose de reprendre mes recherches là où je les ai laissées. Je retourne dans une pièce du musée de mon choix. Peu importe laquelle, du moment qu'elle m'est accessible. Je reprends à partir de là, en essayant de faire montre d'un peu plus de sagacité.

Qui sait combien de copies du collier ce Zigler a bien pu commander pour me tromper ?

# L'après-vie

Ma situation est dramatique, ma vie est en jeu. Pour savoir vers quelle fin mon destin se tourne, je consulte le paragraphe correspondant.

## A

Le choc est brutal. Pendant un instant, un trop bref instant, j'ai vraiment cru pouvoir m'en sortir, mais le piège était trop parfait, trop diabolique et me voilà écrasé.

Je n'ai pas souffert, tout est allé bien trop vite et c'est avec cette dernière pensée que mon esprit se dissout dans le néant. Je n'ai pas été embaumé selon les rites, je n'accéderai pas aux terres éternelles des Égyptiens. Je n'ai jamais aimé les momies, de toute façon.

Je peux me rendre à présent au dernier paragraphe de ce chapitre, « Je suis mort, et maintenant ? » p.273.

## B

Longtemps, je me suis enorgueilli de ma vitesse de réaction, qui me permettait de dérober la montre de n'importe quel gentleman sans qu'il s'aperçoive de rien. Je me plaisais à croire que mes facultés restaient aiguisées, même si je n'avais pas fait appel à elles depuis quelque temps. Le cambriolage demande plus de précision que de vitesse.

Mais la fatigue de cette nuit trop longue a eu raison de moi. La volée de flèches mortelles, en tirs croisés, est tout simplement implacable. Je ne peux esquiver autant de projectiles et la porte qui me mettrait à l'abri est si loin.

Ma mort est salissante et pitoyable. Je rejoins l'enfer privé des cambrioleurs où m'attendent les pilleurs de tombes de tous les temps.

Je peux me rendre à présent au dernier paragraphe de ce chapitre, « Je suis mort, et maintenant ? » p.273.

## C

Je tombe au sol, aux pieds de mon adversaire. Je reste abasourdi d'avoir perdu le combat aussi facilement. Sans doute aurais-je dû faire montre d'un peu plus de jugeote dans le choix de mes armes et surtout de l'adversaire auquel je voulais me mesurer.

Alors que la nuit m'envahit, je ne peux m'empêcher de considérer tous ces efforts pour un simple collier. Valait-il vraiment que je risque ma vie ? Méritait-il vraiment que je meure pour lui ?

Je n'en saurai jamais rien.

Je peux me rendre à présent au dernier paragraphe de ce chapitre, « Je suis mort, et maintenant ? », p.273.

## Je suis mort, et maintenant ?

Mon métier de monte-en-l'air m'amène régulièrement à flirter avec la mort et j'y pense souvent. Tout le monde meurt un jour, disent les commères, mais personne ne prend ces mots vraiment au sérieux. La mort est si loin lorsque l'on vit !

Mourir, c'est frustrant. J'aurais voulu réussir ce cambriolage et faire mentir Zigler, qui prétend qu'aucun voleur n'est jamais sorti de son musée-piège. Et j'y étais presque, en plus !

Mais Arsène Lupin est bien plus qu'un homme, c'est un mythe, un symbole et les symboles ne meurent jamais. Et, après tout, tout cela n'est qu'un jeu...

Je suis persuadé que la légende d'Arsène Lupin va continuer. Je suis persuadé que je dois la poursuivre.

Dans ce but, je vais admettre que je ne suis pas mort, que ce n'était qu'un mauvais moment et que tout cela n'a jamais eu lieu. Je vais taire cet événement malheureux et cela restera notre petit secret, entendu ?

Puisque nous tombons d'accord, je ne me trouve donc pas dans la salle où je suis mort.

Pardon, où je *serais* mort si j'avais fait cette erreur. Donc, me revoilà, en pleine forme et avec tout mon équipement ! Je me situe dans une autre pièce du musée de mon choix. Peu importe laquelle, du moment qu'elle m'est accessible. Je reprends à partir de là, en essayant cette fois de montrer une plus grande vigilance.

Prudence est mère de sûreté, dit-on, alors c'est avec prudence que je retourne dans le musée.

Voyez-vous, c'est que je n'ai pas envie de mourir à nouveau...

# La police

Me voilà entre les mains des forces de l'ordre, autant dire que mon avenir de monte-en-l'air est compromis. L'examen de mes possessions suffit amplement pour comprendre que je suis à la rechercher du collier de la reine Iâhhotep pour l'escamoter. En cette période peu propice à ma profession, le chef d'inculpation de « préméditation de cambriolage » m'emmènerait dans un bagne pour cinq ans. Naturellement, ils trouvent sur moi tous les menus objets que j'ai subtilisés, ce qui aggrave mon cas.

Si j'ai fait main basse sur l'un des objets suivants et qu'ils sont cochés dans mes Trouvailles, je me rends en B, juste un peu plus loin : la bague scarabée bleu et or, le collier en or à motif floral, le bracelet or, rouge et bleu, le faux collier de la reine Iâhhotep ou encore le collier russe appartenant à un membre du personnel du musée.

Sinon, je me rends en A, ci-dessous.

**A**. Je ne suis considéré que comme un simple trafiquant d'art maladroit. Je joue de cette erreur devant le juge pour réduire ma sentence au minimum et j'écope de « seulement » dix ans de bagne. Je garde précieusement par-devers moi mon identité et m'arme de patience. Évidemment, pour ce qui est du cambriolage du musée, c'est raté. J'ai perdu. Je peux me rendre à présent au dernier paragraphe de ce chapitre, « Et maintenant ? ».

**B.** Non seulement, je me suis introduit dans le musée par effraction, mais en plus, j'ai dérobé des objets précieux et pas seulement des œuvres d'art mineures. Me voici dans la cour des grands bandits et non plus des simples trafiquants d'art. Je suis questionné, on enquête longuement sur les indices que j'ai laissés derrière moi et, finalement, plusieurs témoins finissent par me reconnaître et mon nom est glissé au juge. Les journaux s'emparent de l'affaire, enfin le gentleman cambrioleur a été arrêté, la population s'enflamme et demande une peine exemplaire. Le juge est bien trop heureux d'obtempérer et de m'envoyer à l'échafaud. Je peux me rendre à présent au dernier paragraphe de ce chapitre, « Et maintenant ? ».

## Et maintenant ?

Perdre aussi bêtement, c'est fâcheux. J'étais à deux pas de réussir ce cambriolage !

Bon, après tout, cela n'est qu'un jeu... Et je suis persuadé que je dois poursuivre la légende d'Arsène Lupin. Ainsi, oublions ce qui s'est passé. Ce n'était qu'un mauvais moment qui n'a jamais eu lieu. Reprenons ensemble là où je me suis fait avoir.

Donc me revoici, libre et avec tout mon équipement. Je retourne au bal comme si je venais d'entrer dans la salle et je reprends ma lecture à partir de là, en essayant cette fois de faire preuve d'un peu plus de jugeote pour m'éviter les barreaux, ou pire.

Le fait est que je suis allergique à la prison et à la guillotine...

# Aides et réponses

## PORTES

- **Porte de casier de la salle 4 *bis* du musée :** collectez les numéros de salle entourés, c'est une suite incomplète (une suite de nombres un peu particuliers).

- **Porte de la salle 9 du musée :** rassemblez toutes les clés numérotées, un chiffre seulement n'est jamais utilisé.

- **Porte de la salle 14 du musée :** rassemblez les deux morceaux d'enveloppe pour traduire le message trouvé en salle 1.

- **Porte de la salle 15 du musée :** la salle des vitrines dessine quelque chose, à vos crayons et papier à carreaux !

- **Porte de la salle 16 du musée :** collectionnez les canopes, le chiffre dessous indique la place d'une lettre dans le nom du dieu représenté.

- **Porte de la salle 17 du musée :** la clé ressemble à une lettre, rassemblez les mots commençant par celle-ci.

- **Porte de la salle 18 du musée :** notez toutes les armes rencontrées, les premières lettres donnent la solution.

- **Porte de la salle 19 du musée :** dans son interview, M. Zigler donne des chiffres liés à chacune de ses passions, peut-être les a-t-il utilisés pour se rappeler un code ?

- **Porte de l'accès vers les étages, à la sortie de la pyramide :** comptez les bandes du masque du pharaon, reportez ces nombres à l'horizontal et à la verticale sur les carreaux de la porte pour trouver le moyen d'entrer.

## LE BAL

- **Entre 4 ET 6 :** quel mot se trouve entre les mots « quatre », « six » ?

- **Ce qui nous porte :** de ville, de sport, de danse, il en existe pour chaque usage.

- **Devenir drôle :** prendre la question littéralement, à l'envers si nécessaire, quel mot trouve-t-on si on enlève une lettre à DRÔLE ?

- **La coupe vide :** question de logique, si on utilise un goutte-à-goutte, après combien de goutte(s) la coupe n'est plus vide ?

- **Le partage :** certains aliments se mangent tout aussi bien écrasés qu'entiers et ils sont alors bien plus faciles à partager !

- **Elisa à l'asile :** prenez les lettres du prénom pour composer le lieu.

- **Devenir évident :** deux mots de la phrase sont composés des mêmes lettres. Alors, quel mot devient évident ?

- **Le jardinier :** quelle forme possède cinq lignes à part le pentagramme ?

- J'étais demain : quel est le jour qui suit hier ?

- **Lettres des masques :** n'oubliez pas la toute première cavalière, décrite à la sortie de la pyramide !

- **Les jours de la semaine :** alignez les trois jours verticalement et essayez de composer un mot en prenant toujours les lettres à la même place dans chaque mot.

- **Le buffet :** noircissez les cases données, ne reste-t-il pas un message ?

- **Les compliments :** deux mots seulement sont plus courts que les autres.

- « Vous usez ni... » : recomposez la phrase en vous guidant grâce aux majuscules, qui commencent chacun des mots. Accolez les autres pour composer des mots plus longs.

## AUTRES

- **Passage dissimulé en salle 5 du musée :** suivez le chemin de la grille et vous composerez le nom de l'endroit où appuyer sur la statue pour découvrir la trappe cachée.

- **Piège de la salle 8 du musée :** comparez le texte du cartel de l'illustration et le texte au sujet de la statue de chat en salle 4. Les lettres en erreur ne composeraient-elles pas un message ?

- **Piège de la salle 12 du musée :** quel peut bien être l'objet qui arrêterait le piège ? Relisez attentivement la description de ce qui vous entoure.

- **Piège de la salle 13 du musée :** suivez le chemin dans le tableau de lettres pour collecter les mots qui composent le message vous indiquant la technique de désamorçage.

- **Le collier en salle 15 du musée :** comparez le collier retrouvé à la photo pour trouver la solution.

# ÉPILOGUE

L'alerte est donnée dès le premier cri. La foule se précipite sur le balcon alors que je descends le toit dégoulinant de pluie aussi vite que je le peux. Quelques rares invités se lancent à ma poursuite, mais ils m'inquiètent moins que les policiers qui jaillissent de l'ombre de la rue pour m'intercepter au sol. Les amis de M. Zigler comptent parmi les plus riches et influents de la ville et il n'est pas étonnant de compter juge ou commissaire dans leurs rangs. Évidemment, ces messieurs sont venus accompagnés d'une petite escorte de condés qui s'ennuyaient jusqu'à ce que je jaillisse du musée comme un bouchon de champagne.

Je me rattrape *in extremis* à une gouttière juste avant de tomber dans leurs bras grand ouverts. Les trois uniformes me lancent ordres, injonctions, puis finalement seulement des jurons quand ils comprennent qu'ils ne pourront pas m'atteindre. Pour éviter les poursuivants qui dévalent le versant sans aucune classe, ni trop de contrôle d'ailleurs, je me décide à longer le bâtiment en courant, enjambant à la volée noue, arête et croupe du toit complexe. Dans la rue, les brigadiers doivent passer nombre d'obstacles pour me suivre. Ils ne connaissent pas bien les lieux, alors que j'ai effectué de nombreux repérages dans le quartier ces derniers jours. Dans la ruelle qui longe la façade ouest du musée, ils se retrouvent bloqués par une lourde grille verrouillée.

Frénétiques, les officiers cherchent à escalader l'obstacle, en vain, alors que les notables les plus téméraires ne sont même plus visibles d'ici. J'espère qu'aucun ne s'est blessé en jouant au héros. Je peux descendre jusqu'aux pavés sans être inquiété et faire quelques dizaines de mètres, puis prendre le temps de rectifier ma tenue, car je suis déjà bien trop loin pour être rattrapé. Depuis les pavés brillants de pluie, sous la lumière des lampadaires, j'offre une petite révérence aux invités massés sur le balcon. Zigler est furieux, il lance des menaces de vengeance. Je ne peux que sourire, saluer de nouveau en surveillant mes poursuivants coincés sur le toit ou toujours obstinés à passer leur grille, puis je disparais dans les ombres de la ville.

Je ne me soucie pas de la fine pluie qui vient recouvrir la rue d'un film brillant, au contraire même, je l'accueille avec plaisir. Après une nuit enfermé, tout me semble magnifique. Les oiseaux qui chantent au soleil levant, la lumière des lampadaires vacillant dans le jour naissant, le souffle léger d'une brise matinale et la douceur des gouttes.
Le plus beau de tous les cadeaux, ce n'est pas la nature qui peut me le procurer. Je m'assois sur un banc public et ouvre mon sac pour profiter de ce prix de roi. Le collier de la reine Iâhhotep brille dans la lumière du tout jeune astre solaire, le dieu Ra lui donne un éclat que je n'ai vu jusqu'à maintenant que dans mes rêves. Ce bijou est superbe !
Je laisse passer quelques heures dans un café, à me réchauffer et à siroter plusieurs tasses brûlantes tout en attendant mon contact. La transaction est bien vite effectuée et le collier change de mains, je le cède sans regret. Pour ma part, c'est l'édition du journal du soir que j'attends. Le garçon qui hurle les titres dans la rue me voit déjà tout sourire avant même de lui avoir acheté un exemplaire.
« *Arsène Lupin a volé le collier de la reine égyptienne !* » continue-t-il de hurler aux passants alors que je dévore l'article avec un plaisir

consommé. Je n'ai pas laissé de carte de visite et le journaliste a pensé que ce serait bien plus accrocheur de m'accuser, s'il savait à quel point il est tombé juste ! Interviewé, M. Zigler n'a fait que renouveler ses promesses de vengeance. Il jure même que plus aucun voleur, aussi habile soit-il, ne parviendra plus jamais à le cambrioler. S'il savait à quel point ce genre de défi ne fait qu'attiser mon instinct de monte-en-l'air !
Afin de peaufiner ma réputation, je rédige un courrier à remettre à la police pour assumer l'acte et l'ajouter à ma déjà très longue liste de cambriolages réussis avec brio.
Je ne rentre pas chez moi ce soir-là, j'ai un rendez-vous dans un cabaret avec un certain monsieur M. L'homme est au service d'un riche collectionneur de bijoux et a accepté de fournir tous les détails dont j'ai besoin pour mon prochain coup d'éclat : dérober un diamant. On dit qu'il serait le plus gros brillant du monde.

Vivement la nuit prochaine !

# Découvrez nos autres Escape books adultes

LA TOUR DE L'ALCHIMISTE

PRISONNIER DES MORTS

LE PIÈGE DE MORIARTY

PANIQUE DANS L'HYPERESPACE

LE DIRIGEABLE DU PROFESSEUR

LA MARQUE DE CTHULHU

HÔTEL MORTEL

LE PAYS DES MERVEILLES

LE SECRET DES MAYAS